Christian Henrich-Franke

Die Geschichte der Bundesrepublik Deutschland

CHRISTIAN HENRICH-FRANKE

DIE GESCHICHTE DER BUNDESREPUBLIK DEUTSCHLAND

VON DER GRÜNDUNG 1949 BIS ZUR GEGENWART

marix verlag

Gemüseanbau in den Ruinen der Berliner Reichskanzlei, ca. 1948

INHALT

EINLEITUNG

Im Februar 2009 reichte der langjährige CSU-Bundestagsabgeordnete und spätere stellvertretende CSU-Vorsitzende, Peter Gauweiler, eine Klage beim Bundesverfassungsgericht gegen die Bestimmungen des ›Vertrags von Lissabon‹ ein, die die Kompetenzen der Europäischen Union maßgeblich erweitern sollten. Für Gauweiler waren die Vertragsbestimmungen »ein Verstoß gegen das Prinzip der souveränen Staatlichkeit wegen der Entwicklung der Europäischen Union in Richtung eines europäischen Superstaats«. Seiner Ansicht nach seien die Entscheidungskompetenzen des Bundestags durch die Vorgaben aus Brüssel derart eingeschränkt, dass dies nicht mehr mit dem Grundgesetz zu vereinbaren sei. Der Vertrag von Lissabon – so eines der Argumente der Organklage – steht gegen das Demokratiegebot für alle deutsche Staatsgewalt, weil durch diesen Vertrag die Gesetzgebungskompetenz der deutschen Volksvertretung ausgehöhlt wird. Diese Entleerung der demokratischen Legitimation – so Gauweiler weiter – geschieht durch die fortschreitende Verlagerung von Aufgaben und Befugnissen auf die Europäische Union. Gauweiler stand mit seiner Meinung nicht alleine. Wenngleich der Bundestag den Vertrag mit mehr als 90 % seiner Mitglieder bewilligt hatte, wurden kritische Stimmen laut und sollten fortan nicht mehr verschwinden. Im europäischen Ausland scheiterte der Vertrag gar in einigen Referenden, weil viele Bürger die Skepsis Gauweilers teilten, der schließlich im März 2015 von allen seinen politischen Ämtern zurücktrat, weil er nicht gegen seine innere Überzeugung die Politik der Bundesregierung im Kontext der Euro-Krise mittragen wollte.

Das Bundesverfassungsgericht sah sich durch die Klage Gauweilers mit einem Problem von nicht unerheblicher Tragweite für die

staatliche Substanz und Identität der Bundesrepublik Deutschland
konfrontiert und wägte sorgsam ab. In seinem ›Lissabon-Urteil‹ vom
30. Juni 2009 erkannte es dann die wachsende Gestaltungsmacht der
Europäischen Union für die gesellschaftlichen, wirtschaftlichen und
politischen Zustände in der Bundesrepublik an, unterstrich im Urteil aber gleichzeitig die fortdauernde Souveränität der Bundesrepublik und betonte ausdrücklich, dass dem Bundestag ausreichend
Raum für die Gestaltung der Lebensverhältnisse der Bundesbürger
bleiben müsse. Mit Blick auf den Klageanlass einer sich allmählich
in ihren Kompetenzen und Entscheidungsbefugnissen ausweiten-
den Europäischen Union sprach das Gericht damit ein klares Urteil:
Die Bundesrepublik war im Jahr ihres 60. Geburtstags Teil eines europäischen politischen Gebildes, ohne die eigene Staatlichkeit dadurch zu verlieren.

Mit seinem Urteil wurde das Bundesverfassungsgericht bereits
2009 einer Entwicklung gerecht, nach der die Bundesrepublik im Laufe ihrer mittlerweile 70-jährigen Geschichte immer mehr in einem europäischen Föderalsystem aufgegangen ist. Die Politikwissenschaft
spricht schon länger von einem europäischen Mehrebenensystem des
Regierens und möchte damit betonen, dass Nationalstaaten wie die
Bundesrepublik nicht mehr als in sich geschlossene politische Ein-
heiten betrachtet werden dürfen, die Innen- und Außenpolitik strikt
voneinander trennen können. So wie die Bundesländer ein elementarer Bestandteil der Bundesrepublik sind, so ist die Bundesrepublik
ein elementarer Bestandteil der Europäischen Union geworden.

Viele gesellschaftliche wie politische Diskurse der 2010er-Jahre
drehten und drehen sich im Kern um die Frage, wie sich die Bundesrepublik in diesem Föderalsystem der Europäischen Union positionieren soll. Dabei geht es einerseits um die politische Identität und
Legitimation eines Nationalstaats, der längst nicht mehr souverän
nach außen wie innen seine politischen, wirtschaftlichen und gesellschaftlichen Verhältnisse gestaltet und gestalten kann. Andererseits
geht es um einen Nationalstaat, der zusammen mit den anderen Mitgliedsstaaten der Europäischen Union darüber diskutiert, in wel-
chen Politikbereichen wie viel ›Europa‹ notwendig und wünschenswert sei.

Die 70-jährige Geschichte der Bundesrepublik lässt sich ganz unterschiedlich erzählen. Gesellschaft, Politik, Kultur, Wirtschaft und viele andere Aspekte könnten ins Zentrum gerückt werden und würden jeweils eigene – sehr spezifische – Erzählungen entfalten, die allesamt wichtige Facetten des Gesamtbilds ›70 Jahre Bundesrepublik Deutschland‹ darstellen. Diese Facetten in ihrer Gänze darzustellen ist nicht das Anliegen dieses Bandes. Stattdessen wird, ausgehend von der Beobachtung der Einbettung bundesrepublikanischer Staatlichkeit in ein europäisches Föderalsystem der Europäischen Union, der Schwerpunkt auf der Frage der politischen Gestalt liegen, ohne dabei die restlichen gesellschaftlichen Entwicklungen gänzlich auszublenden. Im Mittelpunkt der Betrachtung steht die Frage nach der Staatlichkeit der Bundesrepublik und ihren Veränderungen, wobei insbesondere die allmähliche Einbettung bzw. Auflösung der bundesrepublikanischen Staatlichkeit in internationale und innereuropäische Zusammenhänge in den Vordergrund geschoben wird. Insofern erkennt der Band als Ausgangspunkt seiner Erzählung an, dass die Staatlichkeit der Bundesrepublik im Jahr ihres 70. Geburtstags nicht mehr alleine und eigenständig betrachtet werden und dies in der gesamten Zeit ihres Bestehens niemals wirklich werden konnte.

Wenn hier von Staatlichkeit gesprochen wird, so umfasst dies das Regierungssystem, die politisch-administrative Struktur, aber eben auch die wirtschaftlichen und gesellschaftlichen Bedingungen und Verhältnisse, die das politische System maßgeblich beeinflussen und von diesem ebenso beeinflusst werden. So sehr das politische System die sozioökonomische Verfasstheit eines Staates durch politische Beschlüsse steuert, so sehr reagieren politische Ideen und Konzepte auf die sozioökonomischen Gegebenheiten. Dabei wird die wirtschaftliche Entwicklung der Bundesrepublik besonders hervorgehoben, war doch die Entwicklung der bundesrepublikanischen Staatlichkeit in allen Phasen ihres Bestehens ganz wesentlich vom wirtschaftlichen Erfolg geprägt. War schon in der Besatzungszeit vor 1949 die Wirtschaft der erste Bereich, in dem deutsche Politiker und Verantwortungsträger ›mitregieren‹ durften, so vollzogen sich Aufbau und Konsolidierung der Bundesrepublik auf dem Fundament des sogenannten ›Wirtschaftswunders‹.

Und auch die Europäische Union, deren Entwicklung die bundesrepublikanische Staatlichkeit so entscheidend prägte, begann als eine Wirtschaftsgemeinschaft in den Sektoren Kohle und Stahl. Innenpolitisch bedeutsame Entwicklungen und Zäsuren wie etwa die Rentenreform von 1957, die nicht nur die zuvor eher kärglichen
Altersrenten markant ergänzte und die Rentenentwicklung an die
Lohnentwicklung band, sondern auch die Identifikation mit der jungen Bundesrepublik erhöhte, werden in diesem Band freilich nicht
negiert, aber eben doch untergeordnet. Die Kulturgeschichte der
Bundesrepublik wird weitgehend ausgeblendet und nur dann the-
matisiert, wenn sie zur Veränderung der Staatlichkeit beigetragen
hat. Wenn sich die Geschichte der Bundesrepublik insbesondere im
letzten Kapitel wie eine Geschichte der Europäischen Union oder
der Globalisierung liest, so spiegeln sich darin die realen Veränderungen der bundesrepublikanischen Staatlichkeit wider.

Da sich die Bundesrepublik im Laufe ihrer Geschichte auch ter-
ritorial verändert hat, böte es sich an, die Erzählung auf solche Gebiete zu fokussieren, die innerhalb der 70 Jahre zwischen 1949 und
2019 zum Gültigkeitsbereich des deutschen Grundgesetzes gehörten. So ließe sich zwar eine klare Grenze ziehen, aber letztlich kann
die Bundesrepublik nicht losgelöst von den sie umgebenden Entwicklungen verstanden werden, da die Verflechtungen und Interdependenzen zwischen unterschiedlichen Räumen zu groß waren.
Dies gilt sowohl für die bereits herausgestellte Europäische Union
als auch für die Deutsche Demokratische Republik (DDR).

Was Europa betrifft, so hat es von der Unterzeichnung des Ver-
trages über die Errichtung der Europäischen Gemeinschaft für Kohle und Stahl (EGKS) am 18. April 1951 bis hin zu den jüngsten Revisi-
onen des EU-Vertrags die ›Staatlichkeit‹ der Bundesrepublik und das
Zusammenleben der Menschen innerhalb der Bundesrepublik maßgeblich beeinflusst. Mit immer mehr Kompetenzen ausgestattet, gestaltet die Europäische Union spätestens seit den Vertragsrevisio-
nen der 1980er- und 1990er-Jahre die Innenpolitik der Bundesrepublik immer grundlegender und immer umfassender mit. Zusätzlich
waren auch die innerdeutschen Einflüsse vor 1990 eine wichtige
Triebfeder von Veränderung, da starke Verflechtungen und Wech-

selwirkungen zwischen den beiden Blöcken des Kalten Kriegs, insbesondere aber zwischen der Bundesrepublik und der DDR, die Staatlichkeit der Bundesrepublik prägten. Die Konkurrenz beider deutschen Staaten und beider weltpolitisch bedeutsamen Gesellschaftsmodelle wirkte sich in vielen Politikfeldern von der Außen- und Verteidigungspolitik über die Wirtschaftspolitik bis hin zur Sportpolitik aus. Der Mauerbau vom August 1961 stellte dabei eine markante Zäsur dar. Besondere Aufmerksamkeit in der Systemkonkurrenz galt sozialpolitischen Fragen wie dem Wohnungsbau, der Konsumpolitik, den Sozialleistungen oder auch der Familienpolitik, sollten diese doch Identifikation mit den jeweiligen gesellschaftspolitischen Realitäten erzeugen. Letztlich spielten auch globale Einflüsse und Trends eine prominente Rolle, sie können aber nicht in gleichem Maße berücksichtigt werden. Um es noch einmal zu betonen: Dieser Band schreibt weder eine vollständige Geschichte der Europäischen Union noch der Deutschen Demokratischen Republik. Beide werden immer nur dann erwähnt, wenn sie für Veränderungen innerhalb der Bundesrepublik relevant sind.

Dieser Band erzählt die Geschichte der Bundesrepublik in sechs Phasen, die sich aus der zugrunde liegenden Perspektive ergeben. Alle Periodisierungen, die Historiker vornehmen, sind künstliche Blockbildung. Sie sind abhängig von der spezifischen Perspektive dieses Bands auf 70 Jahre Geschichte der Bundesrepublik Deutschland. Die Gliederung wartet deshalb mit einigen Überraschungsmomenten auf, die für eine Geschichte der Bundesrepublik auf den ersten Blick ungewöhnlich wirken. Wenn etwa die Jahre 1982/85 mit der Hinwendung zur neoliberalen Wirtschafts- und Gesellschaftspolitik sowie der Verabschiedung der Einheitlichen Europäischen Akte als Einschnitte hervorgehoben werden, nicht aber die deutsche Wiedervereinigung des Jahres 1990, die sich bei genauerer Betrachtung als bloße Übertragung des bundesrepublikanischen Modells von Staatlichkeit auf die DDR erweist, so wird damit eine auf den ersten Blick überraschend wirkende Periodisierung vorgenommen.

Zudem muss hervorgehoben werden, dass das Empfinden von historischen Zusammenhängen ›in der Zeit‹ und aus der Retrospektive mitunter erheblich variiert. Insofern ist es wichtig zu betonen, dass dieser Band die Geschichte der Bundesrepublik neben der skizzierten inhaltlichen Perspektive auch aus einer interpretativen Perspektive des Frühjahrs 2018 strukturiert und erzählt. Zusammenhänge und Entwicklungslinien unterliegen damit nicht nur der individuellen Interpretation des Autors, sondern eben auch den Bedingungen des Zeitgeists jenes Zeitraums. Dabei stellt sich für den Historiker, der langen Linien bundesrepublikanischer Geschichte über 70 Jahre bis in die unmittelbare Gegenwart folgt, das Problem des angemessenen Umgangs mit den letzten 15 Jahren. Diese lassen sich nur schwer in vergleichbare Zusammenhänge einordnen, weil der Ausgangspunkt der Interpretation nicht mehr ein aus der Retrospektive abgeschlossener Zeitraum ist, sondern sich der Historiker › in die Zeit‹ begibt. Dieser Zeitraum ist von der historischen Forschung bisher noch nicht hinreichend bearbeitet worden, was insbesondere an archivalischen Sperrfristen liegt. Insofern ändert sich auch die Quellengrundlage der Argumentation für diesen Zeitraum deutlich.

KAPITEL 1
1945–1948: NEUANFANG IN BESATZUNGSZONEN

Zwischen der Kapitulation des Deutschen Reichs am 8. Mai 1945, mit der der Zweite Weltkrieg in Europa offiziell endete, und der Gründung der Bundesrepublik am 23. Mai 1949, der die Gründung der DDR am 7. Oktober 1949 folgte, lagen insgesamt vier Jahre, in denen sich die politische und wirtschaftliche Ordnung ebenso wie die Gesellschaft allmählich in Richtung der Gründung der Bundesrepublik bewegten. Insbesondere für die Phase bis zur Währungsreform 1948 gilt die Frage der historischen Zuordnung. Welcher Epoche lassen sich diese Jahre zurechnen? Waren sie Teil des Krieges, weil Deutschland die eigene Staatlichkeit verlor und 1947 Preußen formal aufgelöst wurde? Oder waren sie Teil der Nachkriegsepoche, weil mit der Aufteilung in Besatzungszonen der Weg in eine Zweiteilung Deutschlands geebnet wurde? Für beides lassen sich gute Gründe anführen und so können die Jahre 1945 bis 1948 in beide Richtungen interpretiert werden. Sie waren eine Transformationsphase. Ein Neuanfang in Besatzungszonen, der gleichfalls mit Folgeproblemen des Krieges zu kämpfen hatte als auch einen Schritt hinein in einen neuen Abschnitt deutscher Geschichte tätigte. Sie waren aber vor allem eine Phase der Unsicherheit, in der weder alltägliche Probleme der Bevölkerung noch staatspolitische Fragen eindeutig gelöst und geklärt waren. Insbesondere aber waren diese Jahre eine Phase, in der die Deutschen ihre Geschicke nicht selbst in der Hand hatten. Die deutsche Staatlichkeit war in hohem Maße fremdbestimmt.

Dreh- und Angelpunkt aller politischen, wirtschaftlichen und gesellschaftlichen Entwicklungstrends dieser Phase stellten die Gebietsabtretungen und Grenzveränderungen dar. Deutschland musste 1945 ein Viertel seines Staatsgebiets von 1937 abtreten. Im Osten

Deutschland nach 1945

DÄNEMARK

NORDSEE

Schleswig

Stralsund

Kiel

Helgoland

Schleswig-Holstein

Rostock

Wismar

Lübeck

Mecklenbur

Bremerhaven

Hamburg

Schwerin

Strelitz

NIEDERLANDE

Oldenburg

Bremen

Brandenbu

Niedersachsen

Amsterdam

Hannover

Sachsen-Anhalt

Potsdam

Viermächtestatus

B

Rhein

Osnabrück

Braunschweig

Magdeburg

Münster

Weser

Nordrhein-Westfalen

Dessau

Düsseldorf

Kassel

Leipzig

Saale

BELGIEN

Aachen

Köln

Erfurt

Dresd

Bonn

Thüringen

Sachs

Rhein

Hessen

Koblenz

Wiesbaden

Frankfurt

Main

Bayreuth

Mainz

Würzburg

Luxemburg

Rheinland-Pfalz

Worms

Bamberg

Saar-land

Speyer

Württemberg-Baden

Nürnberg

Mosel

Karlsruhe

Regensburg

Saar

Straßburg

Stuttgart

Donau

Bayern

Passau

FRANKREICH

Neckar

Württemberg-Baden

Ulm

Augsburg

Hohen-zollern

München

Rhein

Freiburg

Salzbu

Basel

SCHWEIZ

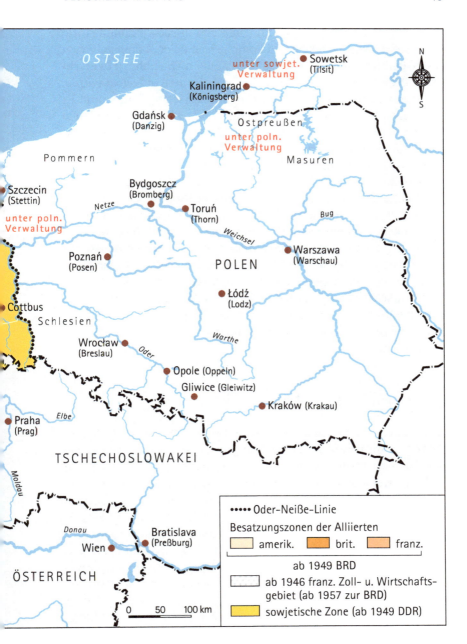

OSTSEE

unter sowjet.
Verwaltung

Sowetsk
(Tilsit)

Kaliningrad
(Königsberg)

Gdańsk
(Danzig)

Ostpreußen

unter poln.
Verwaltung

Pommern

Masuren

Szczecin
(Stettin)

Bydgoszcz
(Bromberg)

Netze

Toruń
(Thorn)

Bug

unter poln.
Verwaltung

Weichsel

Poznań
(Posen)

POLEN

Warszawa
(Warschau)

Łódź
(Lodz)

Cottbus

Schlesien

Warthe

Wrocław
(Breslau)

Oder

Opole (Oppeln)

Gliwice (Gleiwitz)

Kraków (Krakau)

Praha
(Prag)

Elbe

TSCHECHOSLOWAKEI

Moldau

Donau

Bratislava
(Preßburg)

Wien

ÖSTERREICH

0   50   100 km

N

S

••••• Oder-Neiße-Linie

Besatzungszonen der Alliierten

amerik.   brit.   franz.

ab 1949 BRD

ab 1946 franz. Zoll- u. Wirtschaftsgebiet (ab 1957 zur BRD)

sowjetische Zone (ab 1949 DDR)

gingen Teile von Ostpreußen an Polen und die Sowjetunion sowie
der Großteil von Schlesien und Pommern an Polen. Damit gehörten
weite Bereiche der preußischen Kernländer nicht mehr zu Deutschland. Preußen war zerschlagen, bevor es formell aufgelöst wurde.
Im Westen wurde das Saarland zum französischen Protektorat. Es
blieb zwar bis 1957 politisch autonom, wurde aber wirtschaftlich in
Frankreich eingegliedert. Damit verlor Deutschland zwei bedeutende Kohle- und Industriegebiete sowie mit Ostpreußen und Pommern auch seine landwirtschaftliche Basis.

Gleichzeitig löste die Abtretung der deutschen Ostgebiete eine
jahrzehntelange Unsicherheit über den Rechtsstatus und eventuelle Möglichkeiten der Rückkehr in diese Gebiete aus, da nach 1945 zunächst kein Friedensvertrag geschlossen wurde, der die Gebietsabtretungen formal unter Beteiligung einer legitimierten deutschen
Regierung fixierte. Mit den Ostverträgen der frühen 1970er-Jahre
und dem 2+4-Vertrag zwischen den vier Siegermächten und den beiden deutschen Staaten als endgültigem Friedensvertrag für Deutschland stellte sich erst 1990 eine dauerhafte Rechtssicherheit ein, die
eine rechtlich eindeutige Anerkennung der Grenzen von 1945 mit
sich brachte.

I. Politische Vorgeschichte

Das Schicksal Deutschlands entschied sich nach 1945 zunächst im
Schatten internationaler Entwicklungen und Konstellationen. So wie
die Staatengemeinschaft in zwei Lager zerfiel, so zerfiel Deutschland
bald in zwei Machtbereiche. So sehr die USA und die Sowjetunion
über die globale (Sicherheits-)Architektur stritten, so sehr setzten
beide die Maßstäbe für die Entwicklung von Staatlichkeit in Deutschland. Nachdem bereits auf der Konferenz von Jalta im Februar 1945
die Teilung Europas in einen sozialistisch-planwirtschaftlichen Osten und einen demokratisch-kapitalistischen Westen mehr oder weniger besiegelt worden war, folgte auf der Konferenz von Potsdam
im Juli und August 1945 der nächste Schritt hin zu einer geteilten
Neuordnung Deutschlands. Alle Gebiete östlich von Oder und Neiße

Flüchtlingskinder in einem westdeutschen Lager, ca. 1945

wurden unter polnische oder sowjetische Verwaltung gestellt und die dort lebende Bevölkerung sollte in das verbliebene deutsche Territorium überführt werden. Als Churchill im Februar 1946 von einem Eisernen Vorhang sprach, der sich über Europa senke, war die Teilung der Welt und Deutschlands eigentlich kaum mehr abwendbar. Die östliche Grenze der westlichen Besatzungszonen sollte sich allmählich zu einer scharfen Systemgrenze entwickeln.

Letztlich kann es keine Antwort auf die Frage nach einer definitiven Schuld oder Verantwortung für die Spaltung der Welt, Europas und Deutschlands geben. Vielmehr muss von dynamischen Interdependenzen ausgegangen werden, bei denen Unverständnis, Fehlinterpretationen und abweichende Meinungen über angemessene politische Maßnahmen eine Abwärtsspirale in Gang setzten. In Potsdam war das verbliebene Deutschland bereits in vier Besatzungszonen unterteilt und dem gemeinsamen Vollzugsorgan der vier Siegermächte, dem Alliierten Kontrollrat, unterstellt worden. Eine eigenständige deutsche Staatsgewalt hatte am 5. Juni 1945 aufgehört zu existieren. Das deutsche Militär wurde aufgelöst und das gestürzte nationalsozialistische Regime musste sich – sofern die Protagonisten überhaupt noch lebten – für seine Taten vor dem Internationalen Militärtribunal in Nürnberg verantworten. Die Völkergemeinschaft klagte damit erstmals vor einem internationalen Strafgericht Kriegsverbrechen von Einzeltätern an, die das Völkerrecht als Rechtssubjekte zuvor gar nicht gekannt hatte.

Dass es überhaupt zu den harten Konfliktlinien zwischen Ost und West gekommen war, lag sicherlich in den unterschiedlichen Gesellschaftssystemen begründet. Nicht unwichtig waren aber auch gegenseitige Unkenntnis und das Unverständnis für die Politik des jeweils anderen. Der Westen konnte in der Deutschlandpolitik der Sowjetunion kein schlüssiges Konzept erkennen, sodass es den westlichen Regierungen schwerfiel, unmissverständliche Leitlinien für den Umgang mit sowjetischer Politik zu formulieren. Dass die Sowjetunion von einem starken Sicherheitsinteresse getrieben wurde, welches eine Reaktion auf den Überfall des Deutschen Reichs und die hohen sowjetischen Verluste während des Krieges war, scheinen die Regierungen aus Großbritannien, Frankreich und den

Demontage: Im Hamburger Hafen lagern Reste demontierter Spezialmaschinen, ca. 1950

USA nicht oder nur ungenügend erkannt zu haben. Zu sehr wirkten
hier vielleicht schon die Erfahrungen mit der Systemkonkurrenz aus
der Zwischenkriegszeit nach und zu sehr beunruhigten sie die starken sozialistischen oder kommunistischen Strömungen in vielen
Staaten Europas wie etwa Griechenland, Italien oder auch Frankreich. Die USA jedenfalls diagnostizierten einen sowjetischen Expan-
sionsdrang und verwiesen auf das Selbstbestimmungsrecht der Völ-
ker. Dies wiederum versuchten sie dann selbst nach 1947 mittels ihrer Containment-Politik einzudämmen, die eine Ausbreitung des
Kommunismus verhindern sollte. Ost wie West interpretierte die
Gegenseite in ihrer jeweiligen Politik als aggressiv, wodurch es kaum
zu Einigungen in der Frage des Umgangs mit dem besiegten Deutschland kommen konnte.

Stellten schon die ideologischen Gegensätze eine unüberwind-
bare Hürde dar und stellten Weichen in Richtung einer Zweistaatenlösung, so kamen im Frühjahr 1946 praktische wirtschaftliche Probleme hinzu. Schon im Winter 1945/46 waren die Besatzungskosten,
etwa für die Ernährung der deutschen Bevölkerung, derart hoch geworden, dass Lösungen gefunden werden mussten, um Deutschland
in eine politisch-wirtschaftliche Eigenständigkeit zu entlassen. Die
Gemengelage ökonomischer und politischer Probleme sorgte dann
im Juni/Juli 1946 für ein Scheitern der Pariser Außenministerkonfe-
renz am Umgang der Alliierten mit dem Wirtschaftsmotor Deutschlands – dem Ruhrgebiet. Am 6. September 1946 erklärte US-Außenminister Byrnes schließlich, dass die US-Truppen so lange in
Deutschland bleiben würden, wie diejenigen der anderen Siegermächte, womit er die Hoffnungen oder Befürchtungen (je nach
Standpunkt) der anderen Siegermächte auf einen baldigen Abzug
der USA aus Europa zerschlug.

Einen markanten Strategiewechsel nahm die US-Regierung von
Harry S. Truman im ›Wendejahr 1947‹ vor, die in der ›Truman-Doktrin‹ und dem ›Marshall-Plan‹ ihre konkreten Ausdrücke fanden. Diese Initiativen stellten letztlich den Bruch mit allen vorherigen politischen Ansätzen und Vorgehensweisen der USA dar, die immer an
konsensualen Lösungen festgehalten hatten. Nun wandten sich die
USA einer aktiven Gestaltung der politisch-wirtschaftlichen Ord-

nung (West-)Europas zu. Die Ausbreitung und der Schutz von Kapitalismus und parlamentarischer Demokratie wurden gezielt adressiert. Den Auftakt machte die ›Truman-Doktrin‹ vom 11. März 1947, worin die USA allen Völkern Beistand versprachen, die der Bedrohung durch auswärtigen Druck oder einer bewaffneten Minderheit widerstanden. Jeder Staat sollte aus freien Stücken zwischen Demokratie und Sozialismus wählen dürfen. Wenngleich dies nicht explizit angesprochen wurde, so richtete sich die ›Truman-Doktrin‹ doch explizit gegen den Sozialismus.

Das Kernelement war sicherlich der ›Marshall-Plan‹ vom 5. Juni 1947, der im Kern einen Kompromiss darstellte. Auf der einen Seite wurden umfassende Wirtschaftshilfen angeboten. Auf der anderen Seite wurde die Akzeptanz von US-Vorstellungen hinsichtlich marktwirtschaftlicher Strukturen und der Organisation der internationalen Wirtschaftsbeziehungen eingefordert. Der Marshall-Plan versprach die Überwindung der europäischen Wirtschafts- und Aufbaukrise durch finanzielle und technische Hilfe, die v. a. in langfristige Investitionsgüter fließen sollten. Wenngleich der tatsächliche Erfolg des Marshall-Plans unter Historikern umstritten ist, so brachte er doch das Vertrauen in die Leistungsfähigkeit der Wirtschaft zurück. Für Deutschland bedeutete der Marshall-Plan darüber hinaus die Wiedereingliederung in die internationale Gemeinschaft, sollte Deutschland doch gleichberechtigt behandelt werden und in der Marshall-Plan-Organisation, der Organisation für wirtschaftliche Zusammenarbeit in Europa (OEEC – *Organisation for European Economic Cooperation*), als eigenständiges Mitglied neben den anderen Staaten Europas agieren dürfen.

Der Marshall-Plan

Am 5. Juni 1947 kündigte der US-Außenminister George C. Marshall in einer Rede an der Harvard Universität in Cambridge, Massachusetts das bis dahin umfassendste internationale Programm zur Wirtschaftsförderung an. In seiner Rede, die der britische Außenminister Ernest Bevin als »eine der größten Reden der Weltgeschichte« bezeichnete, stellte Marshall den europäischen Staaten mit dem ›European Recovery Program‹, das allgemein als Marshall-Plan bezeichnet wurde, umfassende finanzielle Aufbauhilfen in Aussicht. Diese waren aber an eine Reihe von Forderungen gebunden wie den Abbau von Handelsschranken, den Aufbau wirtschaftlich effizienter Strukturen und die Errichtung einer internationalen Organisation zur Verwaltung und Verteilung der Marshall-Plan-Hilfen sowie zur (langfristigen) Koordination der wirtschaftlichen Planung und Aktivitäten.

Sogar der Sowjetunion wurde die Aufbauhilfe angeboten, da die US-Regierung hoffte, auf diese Weise kommunistische Strömungen in Westeuropa zu schwächen. Nach Verhandlungen der europäischen Staaten in Paris zwischen dem 27. Juni und dem 2. Juli 1947 lehnte der sowjetische Außenminister Molotov die angebotene Hilfe aber für die gesamten Staaten der sowjetischen Einflusszone mit dem Argument ab, die mit der finanziellen Hilfe verbundenen Forderungen würden einen unmittelbaren Eingriff in die nationalstaatliche Souveränität darstellen.

Insgesamt nahmen 18 europäische Staaten die Hilfe aus dem Marshall-Plan in Anspruch. Von den Gesamtmitteln, die sich bis 1952 auf knapp 14 Milliarden Dollar beliefen, flossen 24,75 % alleine nach Großbritannien. Die Bundesrepublik Deutschland erhielt 10,16 %. Ob die finanziellen Hilfen des Marshall-Plans tatsächlich die wirtschaftliche Entwicklung in Europa vorangetrieben hat, ist in der Forschung umstritten. Unumstritten ist aber die psychologische Wirkung, brachte doch der Marshall-Plan Vertrauen und ein positives Investitionsklima mit sich. Dieses ergab sich auch dadurch, dass die Marshall-Plan-Hilfen massiv von der US-Regierung in Europa beworben wurden. Neben der wirtschaftlichen Bedeutung festigte die Zusammenarbeit auch die politische Blockbildung, da sich die westeuropäischen Staaten in der Organisation für wirtschaftliche Zusammenarbeit in Europa (OEEC) zusammenfanden, um die Marshall-Plan-Hilfen zu koordinieren.

Tabelle 1
Zusammensetzung der Einfuhren im Rahmen des *European Recovery Program* (ERP) nach Westdeutschland (in Mio. Dollar

	Nahrungs-mittel, Futter-mittel, Saaten	Industrielle Rohstoffe	Maschinen und Fahrzeuge	Frachten
1948/49	213	135	8	32
1949/50	175	212	9	29
1950/51	196	240	13	31
1951/52	76	100	8	76
1952/53	24	38	2	26
Zusammen	684	725	36	122

Quelle: Bundesminister für den Marshallplan (Hg.): Wiederaufbau im Zeichen des Marshallplans, Bonn 1953, S. 23

Die Sowjetunion antwortete im September 1947 mit der Gründung des Kominform (Kommunistisches Informationsbüro) und der weiteren Ausgestaltung der zwischenstaatlichen Beziehungen im sozialistischen Block, womit die Staatengemeinschaft endgültig in zwei Lager zerbrach. Der Ausbau der Vereinten Nationen, die als Friedensgemeinschaft aller Staaten der Welt konzipiert werden sollte, kam 1947 ins Stocken und war fortan für mehr als vier Jahrzehnte blockiert.

Die politische Neustrukturierung auf deutschem Boden vollzog sich zum einen vor dem Hintergrund einer immer spannungsgeladeneren weltpolitischen Konstellation. Die politische Stabilität in Deutschland geriet zum anderen zu einer Gratwanderung zwischen tatsächlicher Neuordnung und administrativer Kontinuität, für die es keine Blaupause gab. Die Alliierten jedenfalls waren – zumindest im Westen – aus rein pragmatischen Gründen an einer Kontinuität der staatlich-institutionellen und personellen Substanz interessiert, weil die staatliche Verwaltung nicht komplett aufgelöst und erneuert werden konnte. Zu groß war der Bedarf an einer funktio-

nierenden Bürokratie für die Aufrechterhaltung alltäglicher Abläu-
fe. Die bestehenden administrativen Strukturen und die spezifische
Expertise der einzelnen Verwaltungsmitarbeiter wurden dringend
benötigt, weil Aufgaben wie die Zuweisung von Vertriebenen, die
Bereitstellung des knappen Wohnraums oder auch die Lebensmit-
telverteilung einen hohen Grad an administrativer Kontinuität er-
zwangen. Kosten der Verwaltung und Versorgung der Besatzungszonen wurden in der heimischen Bevölkerung der Besatzungsmächte als eine Art Reparationszahlung an den Aggressor und
Kriegsverlierer Deutschland empfunden. Insofern bedeutete deutsche Eigenverantwortlichkeit bei Verwaltung, Versorgung und wirtschaftlicher Tätigkeit auch eine finanzielle Entlastung der alliierten Besatzer. Konkrete, tiefgreifende administrative Einschnitte
wurden eigentlich nur in der SBZ (Sowjetische Besatzungszone)
vorgenommen und hemmten die Effizienz der dortigen staatlichen
Tätigkeit spürbar. In der Bundesrepublik wiederum wirkten die politische Überprüfung des Beamtentums und die Urteile der Nürnberger Prozesse disziplinierend und sorgten für Kontinuität unter
den neuen Vorzeichen der Demokratie. Dass dies gelang, lag allerdings auch daran, dass 1945 ›Demokratie‹ nichts grundsätzlich Neues in Deutschland war. Staat und Beamtenschaft konnten auf demokratische Erfahrungen und Traditionen aus der Zeit vor 1933 zu-
rückblicken. Nicht wenige Beamte hatten schon den Übergang von
der Weimarer Demokratie in die nationalsozialistische Diktatur
vollzogen.

Die Notwendigkeit einer funktionierenden Verwaltung und politischer Legislative in deutscher Hand, die als erste begrenzte Formen eigener Staatlichkeit interpretiert werden dürfen, führte dazu,
dass die Alliierten bereits im Laufe des Herbsts 1945 dazu übergin-
gen, Länder wie Bayern zu restituieren oder neue Länder wie Nordrhein-Westfalen und Baden-Württemberg aus der Taufe zu heben.
Diese erhielten eigene Länderparlamente, deren Mitglieder 1946 zunächst noch von den Länderregierungen ernannt, 1947 erstmals direkt gewählt wurden. Auf der Gemeindeebene hatte es in der britischen Besatzungszone bereits im Frühjahr 1946 erste Wahlen gegeben. Die Reaktivierung der Länder ging auch einher mit der

Auflösung Preußens am 25. Februar 1947. Mit dem Kontrollratsgesetz Nr. 46 wurde eine wesentliche Wurzel der deutschen Nationalstaatsgründung und des deutschen Militarismus zerschlagen. Damit wurden auch administrative Strukturen aufgelöst, die bis dahin noch für die Versorgung der Gesellschaft nach der Kapitulation gesorgt hatten.

Da die getrennte Administration der Alliierten sich zunehmend als hemmend für die wirtschaftliche Entwicklung erwies und die Spannungen des Kalten Krieges an Intensität zunahmen, schlossen Amerikaner und Briten ihre Besatzungszonen zum Vereinigten Wirtschaftsgebiet, das zumeist als Bizone bezeichnet wurde, zusammen. Es erhielt im Juli 1947 sogar einen Wirtschaftsrat, der personell aus den deutschen Landtagen gespeist wurde. Deutsche Vertreter wurden somit erstmals an der wirtschaftspolitischen Ausrichtung der Bizone beteiligt. Viele einflussreiche (Wirtschafts-)Politiker der späteren Bundesrepublik wie Ludwig Erhard sollten hier in Kontakt und verantwortliche Positionen bei der Gestaltung Deutschlands nach dem Krieg kommen. Die Wirtschaftspolitik war somit der Bereich, in dem die deutsche Politik erstmalig nach dem Krieg wieder aktiv mitgestalten durfte.

Das Vereinigte Wirtschaftsgebiet wurde im März 1948 um die französische Besatzungszone (ohne das Saarland) erweitert. Diese als Trizone bezeichnete administrative Einheit konturierte erstmals das Gründungsterritorium der späteren Bundesrepublik. Nun waren einerseits die Voraussetzungen dafür geschaffen, gemeinsam an der Organisation und Verteilung der Marshall-Plan-Hilfen zu partizipieren. Andererseits bestanden nun die administrativen Grundlagen für eine effektive Vereinheitlichung bzw. einen Neuanfang der wirtschaftlichen Ordnung. So konnte eine Währungsreform angegangen werden, die vor allem dazu diente, den Wirtschaftskreislauf anzukurbeln. Die Kooperation zwischen dem von deutschen Akteuren bestimmten Wirtschaftsrat und der Alliierten Hohen Kommission sollte sich als entscheidender Motor der wirtschaftlichen Wiedererstarkung Deutschlands erweisen. Dazu trug auch die zum 1. März 1948 gegründete Bank deutscher Länder als Überbau der neun ebenfalls neu gegründeten Landeszentralbanken bei. Sie be-

trieb eine Währungspolitik und etablierte den Preis wieder als Steu-
erungsmechanismus des Wirtschaftskreislaufs. Die Bank deutscher
Länder war ein Übergangsphänomen von der Reichsbank in die spätere Bundesbank und vollzog die wichtigen Grundsatzentscheidun-
gen wie die Unabhängigkeit von den Weisungen der Bundesregierung.

Die eigenständige Entwicklung der drei Westzonen hatte die ko-
operative Verwaltung durch die alliierten Siegermächte faktisch beendet. Den Schlussstrich zog die Sowjetunion dann am 20. März
1948, als sie ihren Militärgouverneur Wassili Sokolowski aus der Alliierten Hohen Kommission abzog, nachdem mit der Westunion ein
Militärbündnis zwischen Großbritannien, Frankreich und einigen
anderen westeuropäischen Staaten gegründet worden war, das sich
gegen die Sowjetunion aufstellte.

Mit dem administrativen Aufbau begann sich die deutsche Parteienlandschaft wieder zu formieren. Noch vor dem offiziellen
Kriegsende hatte Kurt Schumacher – ein ehemaliger Reichstagsab-
geordneter der SPD – am 6. Mai 1945 eine vorbereitende Versammlung für die Gründung eines SPD-Ortsvereins in Hannover einberu-
fen. Auch in anderen Teilen Deutschlands sollten sich schnell Gruppierungen bilden, so etwa in der sowjetischen Besatzungszone unter
starker Assistenz der Sowjetunion die Kommunistische Partei
Deutschlands (KPD) bzw. nach deren Zwangsvereinigung mit der
SPD die Sozialistische Einheitspartei Deutschlands (SED). Auf der
Ebene der Länder und der Länderparlamente konnten die Parteien
Schritt für Schritt wieder in demokratische Prozesse und Entscheidungen einsteigen. Die Wiedererrichtung exekutiver und legislati-
ver Strukturen durch die Alliierten bereitete den Boden, auf dem die
deutsche Parteienlandschaft wieder aufkeimte. Gleichwohl entschied sich die staatliche Entwicklung in dieser ersten Phase bis
1948 zumeist unabhängig von der sich neu formierenden deutschen
Parteienlandschaft und der programmatischen Ausrichtung der Parteien.

Kurt Schumacher | 1895–1952

Vater der Nachkriegs-SPD

Kurt Schumacher stand an der Spitze der Wiedererrichtung demokratischer Grundstrukturen nach dem Ende des Zweiten Weltkriegs.
Noch im Mai 1945 sollte er zum Vorsitzenden der SPD gewählt werden und nahm in diesem Amt eine klare programmatische Neuausrichtung der Partei vor. Er bekämpfte jegliche kommunistische Strö-
mung und wandte die Partei von marxistischen Positionen und Vorstellungen eines Arbeiterstaats auf deutschem Boden ab. Schumacher
machte die SPD zu einer Partei von Freiheit und Gerechtigkeit, die
auch aus der Opposition heraus konstruktiv Politik gestaltete. Durch
seine den politischen Diskurs pflegende Art prägte er die demokratische Kultur der jungen Bundesrepublik maßgeblich und nachhaltig.

II. Wirtschaftliche Entwicklung bis zur Währungsreform

Die Entwicklung der westdeutschen Besatzungszonen war aufs
Engste mit der Verwaltung und der Lösung der drängenden wirtschaftlichen Fragen verbunden. Dabei war die Ausgangssituation im
Mai 1945 geprägt von einem weitgehend zerstörten Wirtschaftskreislauf und einer weitverbreiteten Unsicherheit in vielen Belan-
gen, die sich negativ auf die wirtschaftliche Tätigkeit auswirkten.
Neben den innerdeutschen Faktoren, die hier im Vordergrund stehen sollen, spielten die internationale Arbeitsteilung und der grenzüberschreitende Handel, von denen Deutschland zunächst ausgeschlossen wurde, eine nicht zu unterschätzende Rolle. Wenngleich
die Potsdamer Konferenz den Grundsatzbeschluss fällte, Deutschland als wirtschaftliche Einheit beizubehalten, so fielen in der politischen Praxis die Besatzungszonen doch wirtschaftlich schnell auseinander. Zwar behielten die Alliierten im Westen zunächst wesentliche Prinzipien der Wirtschaftsordnung wie die Rechtsordnung,
den Lohn-/Preisstopp oder die Bewirtschaftung von Lebensmitteln,
Kleidung und Wohnraum bei, doch besonders die französische und
die sowjetische Besatzungszone wichen von gemeinsamen Ansätzen ab. Die Regierungen in Moskau und Paris wünschten beide Kom-
pensationen für die Kriegsschäden und strebten eine Stärkung plan-
wirtschaftlicher Elemente in der Wirtschaftspolitik an. Die sowjetische Militärregierung enteignete in ihrer Besatzungszone schon im
Juli 1945 die Banken und im September 1945 viele Großgrundbesit-
zer, wobei Letzteres ein gezieltes Vorgehen gegen den preußischen
Adel darstellte. Dass auch planwirtschaftliche Elemente gestärkt
wurden, fiel zunächst nicht besonders auf, war doch die Steuerung
des Wirtschaftskreislaufs durch den Staat angesichts der kriegsbe-
dingten Ausnahmesituation überall in Europa weit verbreitet.

Generell wirkten sich die unterschiedlichen Politiken und Grenz-
zäune zwischen den Besatzungszonen blockierend auf den Wirtschaftskreislauf und die Arbeitsteiligkeit zwischen den Regionen im
Deutschen Reich aus. Durch die Gebietsabtretungen war es zu einem
Ungleichgewicht zwischen den Wirtschaftssektoren gekommen, da
die vier Besatzungszonen zwar einen Schwerpunkt in der Industrie-

güterproduktion hatten, aber kaum mehr als die Hälfte der Nahrungsmittelversorgung für die eigene Bevölkerung sicherstellen konnten. Deshalb sollte sich der wirtschaftliche Zusammenschluss in der Vereinigten Wirtschaftszone als elementare Voraussetzung für die wirtschaftliche Erholung erweisen.

Nach dem Kriegsende brachen Konjunktur und Produktion zunächst komplett ein. Der Zusammenbruch der Wirtschaft machte sich direkt in der Versorgungslage der Bevölkerung mit Nahrungsmitteln und Brennstoffen bemerkbar. Bis Kriegsende hatte es das NS-Regime geschafft, ein hohes Versorgungsniveau aufrechtzuerhalten. So konnte eine durchschnittliche tägliche Kalorienzufuhr von ca. 2100 kcal gehalten werden. Alliierte Truppen fanden sogar volle Versorgungslager vor, als sie auf das Gebiet des Deutschen Reichs vordrangen. Mit dem Ende des Krieges brach die Versorgung aber abrupt zusammen. Der Abzug von Arbeitskräften, v. a. kriegsgefangene Hilfsarbeiter, oder der Verlust von landwirtschaftlichen Gebieten im Osten spielten dabei eine wesentliche Rolle. Die Versorgungsengpässe kulminierten im Hungerwinter 1946/47, als die tägliche Kalorienration in der französischen Besatzungszone auf mitunter weniger als 900 kcal sank. Durch eine große Hitzewelle im Sommer 1947 fiel zusätzlich noch ein Großteil der Ernte aus. Regional ergaben sich starke Unterschiede zwischen Stadt und Land. Insbesondere in Städten ging es immer mehr darum, den alltäglichen Bedarf an Ernährung, Brennstoffen u. Ä. zu organisieren, um überleben zu können. Erst ab dem Jahr 1947 erholte sich die Wirtschaft langsam. So sank die Zahl der industriell Beschäftigten von 19,8 Millionen (1946) auf 13,5 Millionen (1947) ab, während gleichzeitig sich die industrielle Produktion binnen zwei Jahren verdoppelte. Im Kontext der Marshall-Plan-Hilfe verbesserte sich dann ab 1948 die Versorgungssituation und die alltägliche Not ging zurück. Nach dem Frühjahr 1948 stieg die durchschnittliche tägliche Kalorienzufuhr bis in den Mai 1949 auf 2350 kcal an.

Eine Reihe von Faktoren lassen sich nennen, die die Wirtschaft in den Jahren 1945 bis 1948 stark hemmten. Da waren zunächst Unklarheiten über die zukünftige Gestaltung von Eigentumsverhältnissen und Reparationen an die Siegermächte. Obgleich sich Reparationszahlungen in der Zwischenkriegszeit als eine starke Belastung

der internationalen Beziehungen und der wirtschaftlichen Entwicklung erwiesen hatten, hielten die Alliierten auch 1945 zunächst an ihnen fest, da die beiden vom Krieg stark direkt betroffenen Staaten
Frankreich und Sowjetunion Entschädigungen forderten. Insbesondere die westlichen Gebiete der Sowjetunion hatten besonders unten den Folgen der Kämpfe gelitten und so versuchte die Führung
der Sowjetunion materielle Verluste auszugleichen. Neben Demontagen, die in der Sowjetischen Besatzungszone schwerpunktmäßig
bis ins Frühjahr 1946 durchgeführt wurden und mehr als 2000 Betriebe betrafen, zog die Sowjetunion Entschädigungen aus der laufenden Produktion ab. Bestrebungen auch auf das Ruhrgebiet Zugriff
zu bekommen, um von dort moderne Industrieanlagen oder Produkte entnehmen zu können, scheiterten allerdings am Widerstand der
Westalliierten. In den Westzonen hielten sich die Reparationsleis-
tungen in Grenzen, was auch daran lag, dass die Alliierten in der
deutschen Produktion eine Entlastung ihrer eigenen Besatzungskosten sahen. Hier wurden vielmehr die Kartelle, v. a. in der Schwerindustrie zerschlagen, um dem Wettbewerb mehr Raum zu geben. Im
Gegenzug übernahm die Bundesrepublik später im Londoner Schul-
denabkommen von 1952 die Rückzahlungsverpflichtung für alle
deutschen Auslandsschulden, die vor 1939 entstanden waren.

Strukturprobleme nationalsozialistischer Geld- und Wirtschaftspolitik belasteten die Besatzungszonen 1945 grundlegend. Seit 1936
war die Geldmenge zur Finanzierung von Aufrüstung und Kriegs-
führung permanent ausgeweitet worden, ohne dass dem ein ent-
sprechender Lohnzuwachs oder ein (Konsum-)Güterangebot gegenüberstand. Eine Inflation hatte letztlich nur durch Lohnstopps und
Güterbewirtschaftung kaschiert, nicht aber verhindert werden können. Nach dem Kriegsende wirkte sich dann verheerend aus, dass
der aufgeblähten Geldmenge kein Warenangebot gegenüberstand.
Im Februar 1947 kostete ein Kilo Butter so viel wie ein Monatslohn
eines Facharbeiters. Die Reichsmark verlor deshalb binnen kurzer
Zeit ihre Funktion als Tauschmittel, sodass Schwarzmarkt und
Tauschhandel aufblühten.

Letztlich sahen sich auch die Unternehmen mit vielfältigen Pro-
blemen konfrontiert. Neben Energie- und Rohstoffmangel musste die

Produktion von Krieg auf Frieden umgestellt werden und oftmals die Belegschaft in großen Teilen ausgetauscht werden. Zwangsarbeiter kehrten zurück in ihre Heimat, Flüchtlinge und Vertriebene konnten ebenso wie Kriegsrückkehrer die Lücken in der Belegschaft nur allmählich auffüllen. Im Mai 1945 kam der Wirtschaftskreislauf in den Besatzungszonen auch deshalb zum Stocken, weil die Infrastruktur, v. a. die Eisenbahnen und Straßen, einen hohen Zerstörungsgrad aufwiesen. So waren in der britischen Besatzungszone nur noch 1.000 km von 13.000 km Schienen befahrbar und ein großer Teil der zentralen Brücken zerstört. Zwar wurden recht schnell viele Strecken provisorisch repariert, doch sorgten Energie- und Materialmangel, etwa für Reparaturen von Eisenbahnen, immer wieder für Transportengpässe. Im harten Winter 1946/47 kamen die stark zugefrorenen Wasserwege hinzu, selbst wenn zerstörte Brücken mittlerweile weggeräumt waren. Insofern bedeutete die Errichtung von belastbaren infrastrukturellen Grundlagen ab den Jahren 1947 und 1948 ein zentrales Kriterium für nachhaltiges wirtschaftliches Wachstum.

Tabelle 2
Die Zerstörung einiger ausgewählter deutscher Städte in Prozent der Wohngebäude

	geschätzter Zerstörungsgrad
Düren	99 %
Paderborn	96 %
Bocholt	89 %
Köln	70 %
Dortmund	66 %
Duisburg	64 %
Hamm	62 %
Kiel	57 %
Wilhelmshaven	55 %
Hamburg	52 %
Bremen	50 %
Gelsenkirchen	50 %

III. Gesellschaftliche Notlagen und Verwerfungen

Die gesellschaftlichen Herausforderungen nach 1945 waren mannigfach. Neben den politischen und wirtschaftlichen Schwierigkeiten sorgten Demobilmachung, Flucht, Vertreibung, Kriegsgefangenschaft und demografische Einbrüche für Notlagen und Verwerfungen, die auch den inneren Zusammenhalt der Gesellschaft gefährdeten. Hinzu kamen die psychologischen Folgen einer radikalen mentalitätsgeschichtlichen Zäsur. Das Ende des Krieges bedeutete nicht weniger als den Zusammenbruch einer Normen- und Wertewelt. Immerhin fiel die bis 1945 beschworene ›Volksgemeinschaft‹ komplett auseinander, mit der ganze Jahrgänge mit diesem Gesellschaftskonzept sozialisiert wurden (BDM, HJ). Anders als noch 1918 war Deutschland vollständig besiegt und okkupiert worden. An der Kriegsschuld gab es ebenso wenig etwas zu bezweifeln wie an den Gräueltaten des Regimes. Für Dolchstoßlegenden oder andere revisionistische Mythen war angesichts der erdrückenden moralischen Last und Verantwortung kein Platz. Traumatisierungen in der Bevölkerung waren weit verbreitet und sorgten sogar innerhalb von Familien für Entfremdungen. Waren die einen eine Folge der Kriegshandlungen, so kamen andere nach Kriegsende durch Fluchterfahrungen oder Vergewaltigungen hinzu, die systematisch durch Angehörige der Roten Armee an Vertriebenen und Flüchtlingen begangen wurden, die allerdings auch unter den Westalliierten nicht ausblieben.

Eine kollektivpsychologisch ebenso bedeutsame Wirkung entfaltete die Entnazifizierung, mit der die Frage der individuellen Schuld an den Gräueltaten der vergangenen Jahre aufgeworfen wurde. Wenngleich eine radikale Entnazifizierung, die weder objektiv noch tatsächlich durchführbar war, schnell der pragmatischen Rehabilitierung der Verdächtigen wich, dürfen die Auswirkungen auf die Bevölkerung nicht unterschätzt werden. Dass aber eine konsequente Entnazifizierung ausblieb, war einmal mehr der Stabilisierung der deutschen Gesellschaft nach innen geschuldet, um Auflösungsprozesse zu verhindern. Zur Aufrechterhaltung der öffentlichen Ordnung mussten auch vorbelastete Personen in gesellschaftlich

relevanten Stellungen wie Richter, Lehrer oder Polizisten gehalten werden. In den Westzonen schliefen deshalb im Laufe des Jahres 1948 die Verfahren ein, die ohnehin immer uneinheitlicher geführt worden waren. Letztlich standen 2,2 Millionen Mitläufern oder Entlasteten lediglich 1.670 Schuldige und 23.000 Belastete gegenüber.

Der zweite Hebel, um nationalsozialistisches Gedankengut aus der deutschen Gesellschaft zu verbannen, war die demokratische Umerziehung in Schulen oder in den Medien. Wie die Entnazifizierung, so erfolgte auch die demokratische Umerziehung im Spannungsfeld zwischen Anspruch und Machbarkeit. Auf der einen Seite standen Umerziehung, demokratische Werte, die Verbesserung des Schulsystems oder die Hoheit über die richtige ›Welterklärung‹. Auf der anderen Seite standen pragmatische Aspekte wie die begrenzte Verfügbarkeit von Lehrern, Schulbüchern oder Gebäuden. Am Ende gelang die Wiederaufnahme des Lehrbetriebs in Schulen und Universitäten recht zügig binnen weniger Monate. Maßnahmen zur Verbreitung demokratischer Wertvorstellungen ließen sich wesentlich einfacher im Bereich der Massenmedien vornehmen. Insbesondere der Rundfunk hatte sich in unzähligen Propagandaschlachten der 1930er- und 1940er als probates Mittel erwiesen, um die öffentliche Meinung zu beeinflussen. Auch deshalb begannen die alliierten Besatzungsmächte rasch, den Rundfunk nach ihren jeweiligen Vorstellungen zu strukturieren und so zu ordnen, dass die Programmgestaltung ab Mai 1945 zunächst unter alliierter Oberaufsicht erfolgte. Dabei nutzten sie den Rundfunk auch, um die Bevölkerung über öffentlich relevante Veränderungen zu unterrichten. Organisatorisch stand das öffentlich-rechtliche Rundfunkmodell der British Broadcasting Corporation (BBC) Pate für die auf deutschem Boden eingerichteten Rundfunkanstalten. Wie auch die politische Struktur, so wurde der Rundfunk vorwiegend föderal organisiert, und nach und nach erhielten die meisten der neu errichteten Länder ihre eigene Rundfunkanstalt.

Die demografischen und sozialen Verwerfungen infolge der Kriegshandlungen und der politischen Neustrukturierung hatten nicht zu unterschätzende Auswirkungen. Da waren zunächst ca. sie-

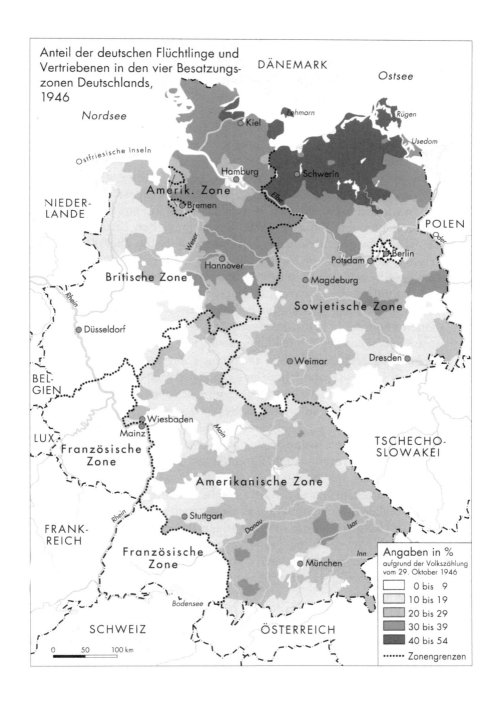

Anteil der deutschen Flüchtlinge und Vertriebenen in den vier Besatzungszonen Deutschlands, 1946

Nordsee

DÄNEMARK

Ostsee

Fehmarn

Rügen

Usedom

Kiel

Ostfriesische Inseln

Hamburg

Schwerin

Amerik. Zone

NIEDER-
LANDE

Bremen

Elbe

POLEN

Oder

Weser

Hannover

Potsdam

Berlin

Britische Zone

Magdeburg

Sowjetische Zone

Rhein

Düsseldorf

Weimar

Dresden

BEL-
GIEN

LUX.

Wiesbaden

Mainz

Main

Französische
Zone

TSCHECHO-
SLOWAKEI

Amerikanische Zone

FRANK-
REICH

Rhein

Stuttgart

Donau

Isar

Französische
Zone

Inn

München

Angaben in %
aufgrund der Volkszählung
vom 29. Oktober 1946

Bodensee

0 bis 9

10 bis 19

20 bis 29

30 bis 39

40 bis 54

SCHWEIZ

ÖSTERREICH

0   50   100 km

Zonengrenzen

ben Millionen vorwiegend männliche Kriegstote. Ganze Jahrgänge hatte der Krieg stark dezimiert, v. a. die Geburtenjahrgänge 1919–1927 hatten zwischen 20 % und 40 % eingebüßt. Neben den demografischen Einbrüchen entstanden auch Geschlechtsasymmetrien, weil überproportional viele Männer starben. So war das deutsche Arbeitskräftepotential im Jahr 1947 zu 55,4 % weiblich. Hinzu kamen Kriegsversehrte, die nur noch bedingt arbeiten konnten, aber von der Gesellschaft ernährt werden mussten. Nicht wenige dieser Personen wurden nach und nach in staatlichen Unternehmen wie der späteren Bundesbahn angestellt. Dies sicherte den betroffenen Menschen zwar ein berufliches Auskommen, belastete aber die Unternehmen mit teils nur bedingt qualifiziertem Personal. Eine weitere gesellschaftliche Herausforderung stellten die Kriegsgefangenen dar, die teils bis 1950 nicht zurückkamen. Im Mai 1945 befanden sich, u. a. durch die Kapitulation bedingt, nicht weniger als 11,5 Millionen Deutsche in Kriegsgefangenschaft. In der Zeit von 1941 bis 1950 starben von den 3,15 Millionen deutschen Soldaten in sowjetischer Kriegsgefangenschaft ca. 1,1 Millionen. Mit dem ostelbischen Adel war seit 1944 systematisch eine ganze gesellschaftliche Schicht ausgelöscht worden, die vor dem Krieg recht entscheidend für die politische Kultur in Deutschland gewesen war.

Neben die direkten Kriegseinwirkungen traten Folgeprobleme der politischen Neustrukturierung Mittelosteuropas. 12,5 Millionen Vertriebene, Flüchtlinge und Migranten aus den deutschen Ostgebieten mussten bis 1950 in die Gesellschaft integriert werden. In der BRD hatten im Jahr 1950 von 50,2 Millionen Einwohnern immerhin 7,9 Millionen einen Hintergrund als Vertriebene. Ein Bundesland wie Schleswig-Holstein hatte 1950 einen Vertriebenenanteil von 33,2 %. Trotz kriegsbedingt hoher Verluste war damit die Bevölkerungszahl auf dem verbliebenen deutschen Territorium gegenüber 1939 sogar höher, und zwar 167 Einwohner pro Quadratkilometer gegenüber 186.

Diese gesellschaftlichen Verwerfungen drückten sich für die Menschen im Alltag in konkreten Dingen wie der Wohnungsnot oder dem Mangel an Nahrungsmitteln und Brennstoffen aus. Schon die Zerstörungen des Kriegs hatten in vielen Städten den Wohnraum

Ein Flüchtlingslager aus Baracken (sog. Nissenhütten) auf dem Messegelände unter dem Funkturm in Berlin, ca. 1947

knapp werden lassen, durch schlechte Bausubstanz und Spätschä-
den ging dann der verfügbare Wohnraum in den Folgejahren noch
weiter zurück. So lag er pro Person in den Jahren 1947 und 1948
im deutschen Durchschnitt bei weniger als 10m², in der britischen
Zone sogar bei nur 6,2m². In der Summe fehlten bis zu 6,3 Millionen
Wohnungen. Viele Menschen wohnten lange Jahre in Notunterkünften, Turnhallen, Fabriken oder Bunkern, die mit immer neuen
Flüchtlingen und Vertriebenen zunächst immer voller wurden. Noch
im Jahr 1950 lebten 900.000 Menschen in der neugegründeten Bundesrepublik in Notunterkünften.

Mit der Not stieg auch die Kriminalität, v. a. der Nahrungsmittel-
und Brennstoffdiebstahl. Mit Hamsterfahrten aufs Land versuchte
die hungernde Stadtbevölkerung, sich das Überleben zu sichern. Wie
sehr etablierte gesellschaftliche Normen angesichts der Notlage
großzügig interpretiert wurden, drückte der Kölner Erzbischofs
Frings in seiner berühmten Silvesterpredigt aus: »*Wir leben in Zeiten, da in der Not auch der Einzelne das wird nehmen dürfen, was er
zur Erhaltung seines Lebens und seiner Gesundheit notwendig hat,
wenn er es auf andere Weise, durch seine Arbeit oder durch Bitten,
nicht erlangen kann.*« Da Frings mehr oder weniger einen Verstoß
gegen das siebte Gebot indirekt legitimierte, bürgerte sich der Begriff ›fringsen gehen‹ ein.

Wohnungsnot- und Nahrungsmittelknappheit riefen neben der
Kriminalität eine Reihe von Integrationsproblemen hervor. Insbesondere Vertriebene und Flüchtlinge aus den Ostgebieten mussten
in der ohnehin gering vorhandenen Wohnsubstanz untergebracht
werden, was zu teils erheblichen Einbußen an Lebensqualität führte. Die ortsansässige Bevölkerung war gezwungen, den bestehenden intakten Wohnraum zu teilen. Konnte sich die Bevölkerung bei
Zwangsenteignungen gegen die Besatzungsmächte kaum zur Wehr
setzen, so führte die Zwangsteilung von Wohnraum und Nahrung
mit Vertriebenen nicht selten zu sozialen Konflikten. ›Vertriebener‹
oder ›Flüchtling‹ wurden in den ersten Nachkriegsjahren schnell zu
Schimpfworten und Synonymen für unerwünschte Konkurrenten
um ohnehin knappe Ressourcen.

»Fringsen«: Jungen und Mädchen klauen Kohlenbrocken von einem auf der
Strecke haltenden Güterzug, ca. 1946

Als gesellschaftliche Stabilisatoren der Jahre 1945 bis 1948 müssen bestehende oder neu aufgebaute Einrichtungen wie lokale
Sportvereine, Ortsvereine oder die Familie gesehen werden, in denen die deutschen Bürger Ablenkung von den alltäglichen Sorgen
erfuhren. Insbesondere die Vergangenheitsbewältigung mit dem
NS-Staat wurde im familiären Umfeld von einem Pragmatismus
überlagert, der notwendig war, um den schwierigen Alltag der ersten Nachkriegsjahre überhaupt zu meistern. Zu einem Mythos wurden die Trümmerfrauen, die schnell in der öffentlichen Wahrnehmung glorifiziert wurden, weil sie den Neuanfang symbolisierten
und gut in ein gesellschaftliches Narrativ passten, nach dem die
NS-Zeit auf wenige Verantwortliche projiziert wurde. Dies sollte sich
als wirksames Mittel erweisen, um der Bevölkerung den Übergang
in die Bundesrepublik zu erleichtern.

IV. Fazit

Deutschland war in den ersten Jahren nach dem Krieg in hohem Maße fremdbestimmt. Die alliierten Siegermächte übernahmen die politische Verantwortung und lenkten die Geschicke des Landes. Dabei wurden die zukünftigen Entwicklungslinien sowohl von den internationalen Konstellationen des Kalten Kriegs als auch von den
jeweiligen nationalen Vorstellungen der Besatzer über Staat, Wirtschaft und Gesellschaft bestimmt. Nicht minder prägend für die ersten vier Nachkriegsjahre waren die Probleme des Alltags, die zum
einen die täglichen Handlungen der Menschen bestimmten und zum
anderen die Besatzungsmächte zwangen, personelle und administrative Kontinuitäten zuzulassen. Der Notwendigkeit einer funktionierenden Verwaltung, um die vielfältigen Probleme im vom Krieg
zerstörten Deutschland überhaupt bewältigen zu können, müssen
als eigentliche Ursache der Kontinuität in der staatlichen Substanz
Deutschlands gesehen werden. Die Verteilung von Lebensmitteln,
Wohnraum und anderen Dingen konnten und wollten die Alliierten nicht ohne deutsche Beteiligung in Angriff nehmen. Sie konnten es nicht, weil ihnen die spezifischen Kenntnisse fehlten und sie

wollten es nicht, weil die Kosten der Besatzung Deutschlands insbesondere in Großbritannien und Frankreich ohnehin als zu hoch empfunden wurden. Die Senkung der Besatzungskosten sollte sich deshalb in den Jahren 1945 bis 1948 als Triebfeder deutscher Eigenständigkeit erweisen.

KAPITEL 2
1948/49–1952:
›FREMDBESTIMMTE‹ NATIONALSTAATLICHKEIT

Die vier Jahre zwischen 1948 und 1952 brachten die nationale Staatlichkeit in der politischen Gestalt der Bundesrepublik Deutschland
und der Deutschen Demokratischen Republik und verankerten die
Bundesrepublik fest in der westlichen, internationalen Gemeinschaft. Deutsche Souveränität und internationale Einbindung sollten sich in diesen Jahren als ein Junktim deutscher Staatlichkeit he-
rauskristallisieren und die Geschichte der Bundesrepublik fortan
prägen. Dies galt insbesondere für die Einbettung der Bundesrepublik in ein sich allmählich föderal organisierendes Europa, als dessen bedeutsamster Motor sich die deutsch-französische Aussöhnung erweisen sollte.

Nach innen waren diese vier Jahre eine Phase der politischen,
wirtschaftlichen und gesellschaftlichen Konsolidierung. Notsituationen des Alltags wurden überwunden, gesellschaftliche Heterogenität nivelliert und die wirtschaftspolitischen Grundlagen für eine
nachhaltige Expansionsphase, das Wirtschaftswunder, gelegt. Kennzeichnend war dabei der hohe Grad an direkter und indirekter
Fremdbestimmtheit, innerhalb deren die deutsche Nationalstaat-
lichkeit wiederhergestellt wurde.

I. Die Währungsreform als ›vorgeschaltete‹ Staatengründung

Der wirtschaftliche Neuanfang in der Bundesrepublik – und indirekt auch der in der Deutschen Demokratischen Republik (DDR) – wurde maßgeblich von der Währungsreform vom 20. Juni 1948 initiiert. Sollte die Währungsunion eigentlich mit dem Geldüberhang eines der wirtschaftlichen Kernprobleme des Vereinigten Wirtschaftsgebiets lösen, so erwies sie sich als bedeutende Wegmarke der politischen Einigung. Seit 1945 hatten der Schwarzmarkt, die Zigarettenwährung und der Tauschhandel den Wirtschaftskreislauf stocken lassen. Die Währungsreform sollte dann einen radikalen wirtschaftlichen Schnitt setzen, nachdem die vier Siegermächte sich nicht auf eine einheitliche Behandlung Deutschlands hatten einigen können. Was sie zudem bewirkte, war eine politische und gesellschaftliche Zäsur. Die Bewirtschaftung alltäglicher Güter hörte auf, die Westdeutschen konnten ihr Geld ›frei‹ ausgeben und es kehrte Vertrauen in die Zukunft zurück. Die Währungsreform konnte diese Wirkung auch erzielen, weil zuvor Waren zurückgehalten worden waren, die mit dem 21. Juni 1948 in den Schaufenstern auftauchten und eine Konsumstimmung erzeugten. Hinzu kam, dass die Währungsreform auch die Schlagbäume zwischen der Bizone und der französischen Zone verschwinden ließ. Gleichwohl brachte die Währungsreform auch radikale Einschnitte in die Vermögensstruktur der westdeutschen Gesellschaft. Während der Umtauschkurs von 100 Reichsmark zu 6,50 Deutsche Mark (für Altvermögen von vor 1939 lag der Umtauschkurs bei 5:1) die Besitzer von Kapitalvermögen stark benachteiligte, da die Preise, Löhne und Pensionen 1:1 beibehalten wurden, mussten Besitzer von Sachvermögen keine ähnlichen Wertverluste hinnehmen, sofern die Sachvermögen nicht durch Kriegsschäden an Wert eingebüßt hatten. Abhilfe schaffte hier erst das Lastenausgleichsgesetz von 1952, welches zwar massive wirtschaftliche Implikationen hatte, letztlich aber mit der Integration gesellschaftlich benachteiligter Gruppen wie den Vertriebenen eine gesellschaftspolitische Zielsetzung verfolgte. Die Währungsreform wirkte sich darüber hinaus direkt auf die politischen Gebietskörperschaften und das Bankensystem aus, die insofern stabilisiert

Eingeborene von Trizonesien

Mein lieber Freund, mein lieber Freund,
die alten Zeiten sind vorbei.
Ob man da lacht, ob man da weint,
die Welt geht weiter eins, zwei, drei.
Ein kleines Häuflein Diplomaten macht heut' die große Politik.
Sie schaffen Zonen, ändern Staaten.
Und was ist hier mit uns im Augenblick?

Wir sind die Eingeborenen von Trizonesien.
Heidi-tschimmela- tschimmela-tschimmela- tschimmela bumm!
Wir haben Mägdelein mit feurig wildem Wesien.
Heidi-tschimmela- tschimmela-tschimmela- tschimmela bumm!
Wir sind zwar keine Menschenfresser.
Doch wir küssen umso besser.
Wir sind die Eingeborenen von Trizonesien.
Heidi-tschimmela- tschimmela-tschimmela- tschimmela bumm!

Karnevalsschlager des Kölner Sängers und Komponisten
Karl Berbuer aus dem Jahr 1948

werden mussten, als alte Verbindlichkeiten und Eigenkapital in ein
Ausgleichsverhältnis zu bringen waren, auf dessen Basis fortan ge-
wirtschaftet werden konnte.

Die Vorbereitungen für die Währungsreform waren frühzeitig
angelaufen. Seit Juli 1947 hatten sich auch deutsche Währungsexper-
ten wie Ludwig Erhard an der Reform mit beratender Stimme betei-
ligen dürfen, einen tatsächlich spürbaren Einfluss übten sie jedoch
nicht aus. Bereits im Herbst 1947 waren die Banknoten in den USA
gedruckt und dann im Frühjahr 1948 abseits der öffentlichen Wahrnehmung nach Deutschland gebracht worden. Die deutsche Bevölkerung wurde offiziell erst am 18. Juni 1948 über die Details der Re-

formen informiert. Dass eine Währungsreform bevorstand, war zu dieser Zeit aber inoffiziell schon durchgesickert.

Besonders wichtig an den wirtschaftspolitischen Maßnahmen wie der Währungsreform war ihre psychologische Wirkung in der Bevölkerung, da sie Vertrauen zurückbrachten. Ein guter Indikator dieser Entwicklung ist das Lied ›Eingeborene von Trizonesien‹ aus der Karnevalssaison 1948/49. Es stellt eine Art Spiegel der Mentalitäts- und Politikgeschichte dar, da im Text auf Distanz zum Krieg gegangen wird, eine Emanzipation gegenüber den Besatzern vorgenommen wird und es letztlich Ausdruck eines wiederkehrenden deutschen Selbstbewusstseins war.

Die Sowjetunion reagierte auf die Währungsreform mit zwei langfristig bedeutsamen Schritten. Erstens führte sie ebenfalls eine Währungsreform in ihrer Besatzungszone durch, mit der die Ostmark eingeführt wurde. Zweitens nahm sie die Währungsreform in den Westzonen als Anlass, um die seit der Gründung der Westunion geplante Blockade Westberlins zu starten. Die Berliner Blockade sollte auch dazu dienen, die Gründung eines ›Weststaats‹ zu verhindern. Tatsächlich entfaltete sie den gegenteiligen Effekt, sodass die Luftbrücke zur Versorgung Berlins am Ende ein bedeutsamer Geburtshelfer der Bundesrepublik war. Die Westalliierten rückten nun noch enger zusammen und auch in der deutschen Gesellschaft wurde der Antikommunismus zusätzlich gestärkt. Insgesamt 270.000 Flüge sorgten zwischen dem 25. Juni 1948 und dem 12. Mai 1949 dafür, dass die Versorgung der Westberliner Bevölkerung sichergestellt werden konnte und die sowjetische Blockade der drei Westsektoren der Stadt nicht ihre intendierte Wirkung entfalten konnte.

Parallel zur Währungsreform fällten die Westalliierten zwischen Februar und Juni 1948 bereits die Entscheidung, einen westdeutschen Staat zu gründen. Dieser sollte ausdrücklich föderal organisiert sein, weil die französische Regierung eine zu starke Machtkonzentration jenseits des Rheins unbedingt verhindern wollte. Am 1. Juli 1948 übergaben dann die Besatzungsmächte den Regierungschefs der Länder die sogenannten Londoner Empfehlungen als Beratungsgrundlage für Verhandlungen über eine deutsche Verfas-

Geldhandel vor der Wechselstube »Am Zoo« in der Budapester Straße in Westberlin im Winter 1948/1949 – verursacht durch die unterschiedliche Kaufkraft der beiden neuen deutschen Währungen

WECHSEL-
STUBE
AM ZOO

KB·046·374

sung, die vom 8. bis 10. Juli auf dem Rittersturz in Koblenz stattfan-
den. Beinhalteten die Londoner Empfehlungen die Grundpfeiler
eines zukünftigen Staats, so diskutierten die Länderchefs eher die
Details. Zwei zentrale Vorgaben setzen die Alliierten den Länderchefs für ihre Verhandlungen. Erstens sollte der provisorische Charakter des Weststaats betont werden und die vorläufige Verfassung
durch die Länderparlamente gebilligt werden. Zweitens kündig-
ten die Alliierten ein Besatzungsstatut für Deutschland an, in dem
sie sich noch zu definierende Vorrechte bezüglich der westdeutschen Legislativtätigkeit und der äußeren Souveränität vorbehalten
wollten.

Schrittweise arbeiteten die westdeutschen Länder und Parteien
dann im Rahmen der alliierten Vorgaben eine Verfassung aus. Als
ersten Schritt legte der ›Konvent von Herrenchiemsee‹ im August
1948 die Grundzüge des politischen Systems fest, in denen sie entscheidende Lehren aus der staatlichen Entwicklung während der
Weimarer Republik und der NS-Zeit zogen. Der neue Staat sollte zu
einer werteorientierten und wehrhaften Demokratie ausgebaut
werden. So sollte das Staatsoberhaupt nur noch repräsentative
Funktionen haben, ein Zweikammersystem bestehen, die Demokratie repräsentativ sein und die föderale Struktur durch klar um-
schriebene Länderkompetenzen gesichert werden. Dem Konvent
folgte ab September 1948 der Parlamentarische Rat. Dieses im Bon-
ner Museum König unter dem Vorsitz von Konrad Adenauer tagen-
de Gremium entwickelte den Verfassungsentwurf weiter und definierte unveräußerliche Werte und Strukturen, wie die Unveränder-
barkeit der Grundrechte oder die Bindung des Gesetzgebers, d. h.
selbst die Mehrheit der parlamentarischen Stimmen wurde durch
Verbote vor sich selbst geschützt. Hinzu kamen das konstruktive
Misstrauensvotum und das Verbot verfassungswidriger Parteien.
Die Fragen der Kompetenzverteilung zwischen Bund und Ländern
und die der Finanzordnung sollten sich als strittige Punkte erweisen, um die Parteien, Militärregierung und Länder bis in das Frühjahr 1949 hinein rangen. Insbesondere die SPD drängte darauf, den
Bund finanziell von den Ländern unabhängig zu machen, um Verhältnisse wie im Kaiserreich zu verhindern, als die Finanzordnung

Sonderstatus Westberlin

Westberlin wurde explizit nicht als eigenständiges Bundesland konstituiert. Die Alliierten blieben auch nach der Gründung der Bundesrepublik der Inhaber der obersten Gewalt in der Stadt. Nichtsdestotrotz schickte Berlin beratende Vertreter in den Bundesrat, die aber nicht direkt von der Bevölkerung gewählt, sondern indirekt vom Berliner Abgeordnetenhaus entsandt wurden.

über vier Jahrzehnte praktisch ein kontrovers diskutiertes Dauerthema blieb. An der Vehemenz, mit der SPD-Parteichef Kurt Schumacher gegenüber der Militärregierung auftrat, ließ sich gut erkennen, dass die deutschen Parteien an Selbstbewusstsein gewannen und sich im Rahmen alliierter Vorgaben in die politische Verantwortung zurückkämpfen wollten.

Am 8. Mai 1949, vier Jahre nach der deutschen Kapitulation, stimmte schließlich der Parlamentarische Rat für das Grundgesetz. Die Länderparlamente folgten zwischen dem 18. und dem 21. Mai, wobei lediglich der bayerische Landtag die Verfassung wegen der für seinen Geschmack zu zentralistischen Züge ablehnend votierte, sich aber dennoch für einen Beitritt zur Bundesrepublik aussprach. Ob ein Fernbleiben Bayerns angesichts der richtungsweisenden Vorgaben der Militärregierung überhaupt eine realistische Option gewesen wäre, sei einmal dahingestellt. Bereits am 12. Mai war Bonn zur Hauptstadt der neuen Bundesrepublik gewählt worden. Für Bonn sprach die fehlende Tradition als politisches Zentrum in Deutschland, wohingegen Mitbewerber Frankfurt schon die Paulskirchenversammlung von 1848 als Geburtsstätte der ersten deutschen Verfassung beherbergt hatte. Bonn entsprach deshalb viel eher dem intendierten ›Provisorium‹ eines Nationalstaats und seiner Verfassung, wie es die Bundesrepublik sein sollte. Noch am gleichen Tag, dem 12. Mai 1949, billigten auch die Militärgouverneure das Grundgesetz, behielten sich aber eine Reihe von Rechten vor und

Konrad Adenauer | 1876–1967

Garant deutscher Staatlichkeit in westlich-europäischen Strukturen

CDU

Amtszeit: 15. September 1949 – 16. Oktober 1963

Biografisches:
- Geboren 5. Januar 1876 in Köln.
- 1917–33 Oberbürgermeister von Köln.
- 1921–33 Präsident des Preußischen Staatsrats.
- 1946–49 Fraktionsvorsitzender der CDU in Nordrhein-Westfalen.
- 1948 Präsident des Parlamentarischen Rates.
- 1949 Fraktionsvorsitzender CDU/CSU.
- 1949–67 Abgeordneter für Bonn im Bundestag.
- Gestorben am 19. April 1967 in Rhöndorf.

Wahlslogans:
- 1949: »Mit Adenauer für den Frieden, die Freiheit und die Einheit Deutschlands«
- 1953: »Deutschland wählt Adenauer«
- 1957: »Keine Experimente!«
- 1961: »Auch morgen in Freiheit leben«

lehnten es ab, Berlin als Bundesland anzuerkennen. Diesem Zugeständnis zur deutschen Staatlichkeit ließen sie am 20. September das Besatzungsstatut folgen, in dem die deutsche Souveränität eingeschränkt wurde. So musste vorerst jedes Gesetz der bundesrepublikanischen Legislative von der Hohen Kommission der Alliierten gegengezeichnet werden. Auch außenpolitisch sah das Besatzungsstatut eine Reihe von Beschränkungen vor. Die drei Westalliierten unterstrichen damit einmal mehr, dass der neue deutsche Staat vorerst nur bedingt souverän war. Die Bundesrepublik sollte ein eingehegter Nationalstaat sein, in dem die Deutschen kontrolliert in die Freiheit innerhalb der westlichen Staatengemeinschaft entlassen werden sollten. Dass damit eine Einbindung in künftige europäische föderale Strukturen einhergehen sollte, war im Jahr 1949 noch niemandem bewusst. Die nationale Souveränität außenpolitisch zu verankern, sollte fortan die Existenzbedingung deutscher Staatlichkeit sein. Dies galt für die Bundesrepublik, es galt ebenso für die DDR und für das wiedervereinte Deutschland nach 1990.

Mit der feierlichen Verkündung des Grundgesetzes erfolgte am 23. Mai 1949 schließlich offiziell die Gründung der Bundesrepublik Deutschland. Die Präambel gab der Verfassung und dem Staatswesen einen provisorischen Charakter, bis das gesamt deutsche Volk in freier Selbstbestimmung die Einheit und Freiheit Deutschlands beendet haben sollte. Die erste Bundestagswahl folgte am 14. August 1949 und brachte eine knappe Mehrheit für die CDU (31,0 %) vor der SPD (29,2 %). Der am 7. September 1949 neu konstituierte Bundestag wählte mit einer knappen Regierungsmehrheit von CDU, FDP und DP am 15. September Konrad Adenauer zum ersten Bundeskanzler. Bereits drei Tage zuvor war Theodor Heuss zum ersten Bundespräsidenten gewählt worden.

Was die praktische Politik des ersten Bundestags und der ersten Bundesregierung betraf, so lagen die wichtigsten politischen Herausforderungen in der Stabilisierung und Konsolidierung von Wirtschaft und Gesellschaft. Es galt, durch gezielte politische Maßnahmen wirtschaftliche Wachstumsimpulse zu setzen, die Integration von Vertriebenen und Flüchtlingen zu fördern und damit insgesamt die drängenden Alltagsprobleme zu lösen.

Erste Schritte in die europäische Föderalität

So sehr die Bundesrepublik durch ihr Zustandekommen ein Staat war, der im Westen eingebunden war, so sehr versuchte auch die Regierung Adenauer, die Bundesrepublik aktiv als Verbündeten des Westens in den internationalen Beziehungen zu verankern. Die Westbindung war gleichwohl nicht unumstritten und besonders die SPD sah dadurch die nationale Einheit in weite Ferne rücken. Dennoch muss sie aus der Retrospektive als einzige realistische Option der Bundesregierung betrachtet werden, um auf der internationalen Bühne wieder Fuß fassen und damit Souveränität zurückgewinnen zu können. Der Weg zur außen- wie innenpolitischen Gestaltungsfreiheit bzw. größeren Freiräumen war für die Bundesregierung letztlich nur über die Westbindung und das Vertrauen der Westalliierten erreichbar.

Erste zaghafte Schritte in Richtung der internationalen Einbettung der Bundesrepublik waren das Petersberger Abkommen vom 22. November 1949, mit dem die Bundesrepublik der Internationalen Ruhrbehörde beitrat, und der Beitritt zum Europarat im März 1950. Beides setzte Bundeskanzler Adenauer gegen die Stimmen der SPD durch. Zuvor war die Bundesrepublik schon am 30. Oktober 1949 der Organisation für Wirtschaftliche Zusammenarbeit in Europa (OEEC) als gleichberechtigtes Mitglied beigetreten, allerdings war dies kein Resultat eigenständiger Bemühungen, sondern vielmehr ein Bestandteil des Marshall-Plans, den die Alliierten für das Vereinigte Wirtschaftsgebiet angenommen hatten.

Dass die Bundesrepublik so schnell außenpolitische Freiheiten zurückerlangen konnte, lag zum einen am vorsichtigen Vorgehen der Bundesregierung. Ebenso bedeutsam war jedoch das Interesse des Westens, mit der Bundesrepublik ein kapitalistisch-demokratisches Bollwerk in Mitteleuropa gegen den Sozialismus im Osten Europas zu errichten. Einmal mehr ebnete die außenpolitische Großwetterlage – wie schon bei der Entstehung nationaler Staatlichkeit – den Weg aus der außenpolitischen Isolation. Ohnehin hatten in einer Reihe von internationalen Organisationen, die sich mit der Wiedererrichtung europäischer Verkehrs- und Kommunikationsnetze beschäftigten, schon seit dem Kriegsende deutsche Vertreter in beratender Funktion oder als Teil der Delegationen der alliierten Besatzungsmächte mitgewirkt.

Dieselbe Gemengelage nationaler wie internationaler Zwänge, Möglichkeiten und Optionen sollte dann für den ersten Schritt der Bundesrepublik hinein in ein sich föderal organisierendes Europa verantwortlich sein. Bis ins Frühjahr 1950 spielte Frankreich, ganz zur Unzufriedenheit der französischen Regierung, bei der Entwicklung des internationalen Systems und der Restituierung Deutschlands eher eine untergeordnete Rolle. Die europapolitischen Rahmenbedingungen waren aus französischer Perspektive eher ernüchternd. Die ursprünglichen Konzeptionen der französischen Europapolitik nach 1945 waren gescheitert. Frankreich war der schwache Partner der Alliierten Kontrollkommission und nahm keine Führungsrolle in der europäischen Politik ein. Noch schlimmer aber wog, dass eine langfristige politische wie wirtschaftliche Schwächung Deutschlands unerreichbar und der französische Einfluss auf die Beantwortung der Frage nach der Einbindung Deutschlands in die internationale Gemeinschaft gering war. Die Gründung der Bundesrepublik, die schrittweise Zurückgewinnung von staatlicher Souveränität bzw. Gestaltungsfreiheit und auch die beginnende (Wieder-)Eingliederung der Bundesrepublik in die internationalen Beziehungen wurden von den USA forciert, während die französische Regierung dem zumeist nur nachträglich zustimmen konnte und musste. Nationale Staatlichkeit hatte sich in Deutschland ohne tatsächlichen französischen Einfluss gebildet.

Mit der Vorlage des Schuman-Plans am 9. Mai 1950, der als der Beginn der Europäischen Integration im Rahmen der heutigen Europäischen Union angesehen werden kann, sollte sich Frankreich – dann aber im deutsch-französischen Tandem – als gestaltender Faktor in der Europa- und Deutschlandpolitik zurückmelden. Der Kerngedanke des Schumann-Plans, der eigentlich eine Idee des Leiters des französischen Planungsamtes, Jean Monnet, war, bestand darin, die Gesamtheit der deutschen und französischen Kohle- und Stahlproduktion unter eine gemeinsame oberste Aufsichtsbehörde zu stellen. Es sollte ein gemeinsamer Markt errichtet werden, der eine geordnete Versorgung mit Kohle- und Stahlprodukten zu möglichst

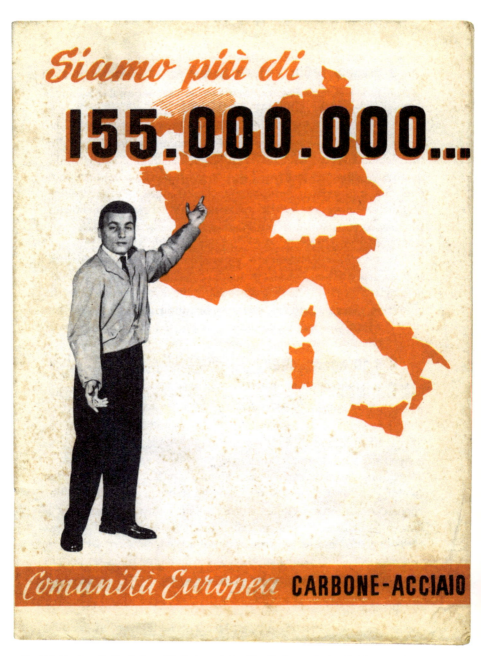

Deckblatt einer italienischen Werbebroschüre für die Europäische Kohle- und Stahlunion, ca. 1953; sie ging auf den Schumann-Plan von 1950 zurück.

niedrigen Preisen garantierte, gleichzeitig aber diskriminierende
Praktiken beseitigten sollte. Der Schuman-Plan stand für Friedens-
sicherung in Europa, für die wirtschaftliche und politische Einigung
des Kontinents und nicht zuletzt für die deutsch-französische Aussöhnung. Politisch betrachtet lebte der Schuman-Plan davon, die
symbolträchtige Montanindustrie (Kohle und Stahl) unter eine gemeinsame, supranationale Verwaltung zu stellen. Damit stand erstmals der Transfer von nationalstaatlicher Souveränität auf die europäische Ebene und damit die allmähliche Umgestaltung des europäischen Staatensystems in ein föderales Gesamtgebilde – eine
immer engere Union – zur Diskussion.

Bundeskanzler Adenauer reagierte positiv auf die Vorlage des
Plans, versprach er doch die festere Einbindung der Bundesrepublik in die internationale Gemeinschaft, eine Lösung der Saarfrage,
die deutsch-französische Aussöhnung und eine Befreiung von men-
genmäßigen Produktionsbeschränkungen im so wichtigen Wirtschaftsmotor der Kohle- und Stahlindustrie. Adenauer war klar, dass
eine wirtschaftliche Entwicklung der Bundesrepublik nur in Kooperation mit den Westalliierten denkbar war und niemals konfronta-
tiv oder konkurrierend mit Frankreich. Dies galt umso mehr für den
Kohle- und Stahlsektor, um deren Standorte beide Staaten Kriege geführt und Grenzen verschoben, sowie deren Produkte genutzt wurden, um gegeneinander zu Felde zu ziehen.

Die Unterzeichnung des Gründungsabkommens der Europäischen Gemeinschaft für Kohle und Stahl (EGKS) am 18. April 1951, mit
der der Schuman-Plan umgesetzt wurde, brachte dann nicht nur den
Einstieg in eine föderale Organisation der Staaten Europas, sondern
das Gründungsabkommen etablierte auch die Grundstruktur der Or-
gane der Europäischen Gemeinschaft, indem eine Hohe Behörde
(Europäische Kommission), eine Parlamentarische Versammlung
(Europäisches Parlament), ein Ministerrat und ein Gerichtshof eingesetzt wurden.

Die Gründung der DDR – Im Schatten der BRD
Die Sowjetunion bezog lange keine klare Position zur staatlich institutionellen Entwicklung in Deutschland, hatte aber von Beginn an

eher auf eine gesamtdeutsche Lösung gehofft, die ihrem eigenen de-
fensiven Interesse und der Hoffnung auf einen Abzug der US-Truppen am ehesten entsprach. Aus diesem Grund reagierte die Sowjetunion auf die sich in den Westzonen stufenweise herauskristallisie-
rende Bundesrepublik immer nur, ohne selbst Akzente zu setzen.
Die einzelnen Schritte auf dem Weg zur Gründung der Deutschen
Demokratischen Republik (DDR) erfolgten dann auch eher spontan
als geplant. Im Falle der Währungsreform begannen die Vorbereitungen für eine entsprechende Umstellung in der SBZ erst, als sich
die Reform in der Trizone klar abzeichnete. So standen noch keine
Münzen und Scheine der Ostmark zur Verfügung und es gab keine
klare Rechtsgrundlage, als am 23. Juni 1948 die Währungsreform Ost
in Kraft trat. Stattdessen wurden alte Reichsmarkscheine mit Wert-
aufklebern versehen. Auch die eigentliche Gründung der DDR erfolgte phasenversetzt zu den Ereignissen in den Westzonen, wobei
sogar die ostdeutschen Parteien in den Planungen voranschritten.
Ein 300-köpfiger sogenannter Volksrat erarbeitete im Herbst/Win-
ter 1948/49 in mehreren Schritten einen Verfassungsentwurf, um
ihn der Sowjetregierung vorzulegen, falls diese einen eigenen Staat
zu gründen beabsichtige. Auffällig an diesen Ereignissen ist die In-
itiativtätigkeit der Sozialistischen Einheitspartei Deutschlands
(SED) und der Kommunisten, die in der SBZ ein Versuchsfeld vor-
fanden, auf dem sie – solange sie die durch die Sowjetunion vorge-
gebenen politisch-institutionellen Leitlinie nicht verließen – ei-
geninitiativ und unter dem Schutz der Besatzungsmacht agieren
konnten.

Am 27. September 1949 wurde dann, drei Wochen nachdem sich
im Westen die parlamentarischen Gremien formiert hatten, in Moskau grünes Licht für die Gründung der DDR gegeben. Nur zwei Wochen später, am 11. Oktober 1949, konnte bereits die Verfassung der
DDR verabschiedet und der zweite Staat auf deutschem Boden offiziell gegründet werden. Vier Jahre nach dem Ende des Nationalsozialismus war damit erneut eine Parteiendiktatur auf deutschem Boden errichtet worden. In den Jahren davor war das Parteiensystem
umorganisiert und die SED im Januar 1949 in eine Partei marxis-
tisch-leninistischer Prägung umfunktioniert worden.

In den Jahren 1950 und 1951 konsolidierte sich das politische System nach innen, indem es zum einen Parteifeinde und Sympathisanten kapitalistischer Vorstellungen entfernte und zum anderen die
ersten Wahlen zur Volkskammer der DDR im Oktober 1950 abgehal-
ten wurden. Wirtschaftspolitisch übernahm die SED das planwirtschaftliche System, verabschiedete 1950 den ersten 5-Jahres-Plan
und beschloss 1952 den planmäßigen Aufbau des Sozialismus. Weitere Maßnahmen waren politische Strukturreformen wie die Erset-
zung der Länder Sachsen-Anhalt, Sachsen, Thüringen, Brandenburg
und Mecklenburg durch zentralistisch gelenkte 14 politisch eher
schwache Bezirke. Die föderale Grundstruktur Deutschlands, die in
der Bundesrepublik restituiert worden war, wurde damit in der DDR
abgeschafft.

II. Wirtschaftliche Wechselhaftigkeit

Die Marshall-Plan-Hilfe und die Mitgliedschaft in der Organisation
für wirtschaftliche Zusammenarbeit in Europa (OEEC) erwiesen
sich als wichtig für das Vertrauen in die Wirtschaft und die wirtschaftliche Wiedereingliederung der Bundesrepublik in die internationale Zusammenarbeit. Dies war umso bedeutsamer, als das Wirtschaftswunder der 1950er- und 1960er-Jahre letztlich durch die Dynamik internationaler Märkten ausgelöst wurde. Und es war auch
das liberale Welthandelssystem mit seiner Begünstigung des Ex-
ports industrieller Produkte, welches den Exportinteressen der
westdeutschen Industrie über Jahrzehnte weit entgegenkommen
sollte. Gestützt wurde das wirtschaftliche Wachstum von einer Währung, die nach einer 20 %-igen Abwertung im September 1949 international außerordentlich günstige Startbedingungen hatte.
    Innenpolitisch wurden die internationalen Rahmenbedingungen
von der ordnungspolitischen Grundkonzeption der ›sozialen Marktwirtschaft‹ flankiert, die sich gut in die internationale Ordnung des
westlichen Systems einpasste. Dabei konzipierten deutsche Wirtschaftsexperten und Politiker die ›soziale Marktwirtschaft‹ durchaus direkte ohne alliierte Eingriffe. Während die Alliierten die Wäh-

rungsreform gestalteten und die nationalstaatliche Struktur der Bundesrepublik in ihren wesentlichen Grundzügen von außen vorgaben, gingen deutsche Akteure dazu über, im Rahmen der ihnen gegebenen politischen Freiräume gestaltend tätig zu werden. Konzeption, Ausgestaltung und Umsetzung der ›Sozialen Marktwirtschaft‹ zählten dabei zu den prägenden und insbesondere identitätsstiftenden Projekten. Bis heute werden unter ihrem Dach die ›charakteristischen Merkmale‹ der bundesrepublikanischen Gesellschafts- und Wirtschaftsordnung formuliert, die sich grob vereinfacht als die Verbindung von Wettbewerbsfreiheit mit sozialem Ausgleich skizzieren lässt. Die Kernidee, die auf den Nationalökonomen Alfred Müller-Armack zurückgeht, im Wesentlichen aber mit dem politischen Hauptprotagonisten, Ludwig Erhard, assoziiert wird, bestand darin, einen dritten Weg zwischen liberaler Marktwirtschaft und staatlich gelenkter Planwirtschaft zu beschreiten.

Im ersten Bundestagswahlkampf 1949 wurde der Begriff ›soziale Marktwirtschaft‹ als Konzeption der CDU-Wirtschaftspolitik in der Öffentlichkeit lanciert. Die CDU grenzte sich damit stark von planwirtschaftlichen Vorstellungen der SPD für die zukünftige wirtschaftliche Ordnung der Bundesrepublik ab, die in der öffentlichen Debatte nicht selten als sozialistisch gegeißelt wurde. Wenngleich die Inhalte der ›sozialen Marktwirtschaft‹ in Europa keinesfalls einmalig waren, schaffte sie es doch, binnen weniger Jahre zum Identitätsträger der Deutschen aufzusteigen. Trotz zunächst starker Kritik vonseiten der Gewerkschaften und der Unternehmen ließen sich mit ihr Wahlen gewinnen – und dies auch, weil sie eine Möglichkeit bot, sich von der NS-Vergangenheit zu distanzieren. Dabei begünstigten die spezifischen Konstellationen der jungen Bundesrepublik den Aufstieg der ›Sozialen Marktwirtschaft‹ zum Identitätsträger. Zum einen stellte die Wirtschaftspolitik genau jenes Politikfeld dar, in dem sich die deutschen Politiker schon früh halbwegs unabhängig betätigen konnten. Zum anderen sollte das 1952 einsetzende nachhaltige Wirtschaftswachstum seinen Teil dazu beitragen.

Die ›soziale Marktwirtschaft‹ – und mit ihr die Person Ludwig Erhard – symbolisierten einen Neuanfang, den Erfolg einer gebeutelten Nation und das Erfolgsmodell Bundesrepublik. In den Folge-

Ludwig Erhard | 1897–1977

Vater der Marktwirtschaft – Kanzler des Übergangs

CDU

Amtszeit: 16. Oktober 1963 - 1. Dezember 1966

Biografisches:

- Geboren am 4. April 1897 in Fürth.
- 1925 Promotion in Betriebswirtschaftslehre zum Thema ›Wesen und Inhalt der Werteinheit‹.
- 1942–45 Leitung des Instituts für Industrieforschung.
- 1946 Staatsminister für Handel und Gewerbe der Bayerischen Staatsregierung.
- 1947 Leitung der Expertenkommission Sonderstelle Geld und Kredit bei der Verwaltung der Finanzen der britisch-amerikanischen Bizone, Vorbereiter der Währungsreform.
- 1948 Direktor der Verwaltung für Wirtschaft des Vereinigten Wirtschaftsgebietes.
- 1949–77 Abgeordneter des Bundestags für Ulm.
- 1949–1963 Bundesminister für Wirtschaft
- 1957–1963 Vizekanzler
- Seit 1967 Ehrenvorsitzender der CDU
- Gestorben am 5. Mai 1977 in Bonn.

Wahlslogan:

- 1965: »Wohlstand für alle«

jahrzehnten wurden unter dem Dach vielfältige wirtschaftspoliti-
sche Ansätze und Maßnahmen subsumiert. Dennoch verlor die ›Soziale Marktwirtschaft‹ bis heute nichts an ihrer Strahlkraft. Noch 70
Jahre nach Gründung der Bundesrepublik ist es im Bundestagswahlkampf für eine Partei unmöglich, sich nicht direkt oder indirekt zur
›Sozialen Marktwirtschaft‹ zu bekennen.

Die konjunkturelle Entwicklung in den Anfangsjahren der Bundesrepublik darf weder als linearer Wachstumspfad seit der Währungsreform noch als erste Phase des ›Wirtschaftswunders‹ angesehen werden. Vielmehr wechselten sich bis in die Jahre 1952/53 expansive Phasen und Rückschläge ab. Dem ersten Aufschwung nach
der Währungsreform folgte Ende 1948 mit der ›Durchbruchkrise‹ die
erste konjunkturelle Bremse. Die Wachstumsraten stagnierten auf
niedrigem Niveau, gleichzeitig wuchsen die Lebenshaltungskosten
deutlich schneller als die Löhne der Arbeiter. Hinzu kam die hohe
Zahl der Migranten (Vertriebenen), sodass in der Folge auch die Arbeitslosigkeit von 3,2 % auf über 12 % stieg. Als dann im Herbst 1949
die Industrieproduktion schrumpfte, machte sich Krisenstimmung
breit. Die soziale Marktwirtschaft geriet in die Diskussion und sogar die Hohe Kommission griff nun aktiv in die Wirtschaftspolitik
ein. Sie drängte im Februar 1950 darauf, gegen die hohe Arbeitslosigkeit ein Arbeitsbeschaffungsprogramm aufzusetzen. Insbesondere mittels des sozialen Wohnungsbaus sollte Beschäftigung generiert und ein Schritt in Richtung Beseitigung des Wohnraumangels
getätigt werden.

Mitten in die wirtschaftliche Krise und die kontroverse Diskussion um deren Bewältigung fiel der Ausbruch des Korea-Kriegs im
Juni 1950, der die Nachfrage nach deutschen Industrieprodukten des
Kohle- und Stahlsektors massiv ankurbelte. Wenngleich der Korea-
boom noch zu Anpassungsproblemen in der Wirtschaft führte, so
steht er in der langfristigen Perspektive doch für den Beginn der
wirtschaftlichen Erholung Deutschlands. Begünstigt wurde dies
durch die Erhöhung der noch bestehenden Produktionsquoten für
Kohle und Stahl, mit denen die Westalliierten und insbesondere die
USA ihre militärischen Bedürfnisse für die Kriegführung in Korea
befriedigen wollten. Aufgrund der Produktionsbeschränkungen

standen in der Bundesrepublik und insbesondere im Ruhrgebiet noch Produktionskapazitäten zur Verfügung, die im Juni 1950 zügig aktiviert werden konnten. Ab dem November 1950 stagnierte die Wirtschaft dann aber wieder, weil insbesondere die Ruhrindustrien angesichts der Produktionsbeschränkungen nach 1945 zu wenig in die Modernisierung ihrer Anlagen investiert hatten. Die Errichtung neuer Produktionskapazitäten in der Industrie erforderte seine Zeit, dann aber setzte mit dem Jahr 1952 eine zwei Jahrzehnte dauernde Wachstumsphase ein, die der Bundesrepublik ihr Wirtschaftswunder bescherte. Die steigenden Exporte von Industriegütern lösten einen Wachstumsschub aus, der wiederum die Nachfrage nach Konsumgütern forcierte und so den ersten Konjunkturanstieg der westdeutschen Wirtschaft erzeugte, der durch den Export ausgelöst wurde.

Es darf dabei nicht außen vor gelassen werden, dass die Wirtschaften der Welt bereits seit dem 19. Jahrhundert stark voneinander abhängig waren. Die Staaten Europas waren von deutschen Produkten genauso abhängig, wie die Deutschen von Importen. Es lag demnach ohnehin im gesamteuropäischen Interesse, die Bundesrepublik als selbständigen Akteur wieder in den internationalen Wirtschaftskreislauf einzubinden.

III. Gesellschaftliche Weichenstellungen

Das gesellschaftliche Kernproblem der frühen Bundesrepublik war neben der Sicherung der alltäglichen Bedürfnisse an Kleidung, Nahrung oder Brennstoffen die Integration der Vertriebenen und Flüchtlinge. Dabei wirkte deren permanenter Zustrom über das Jahr 1948 hinaus wie ein Katalysator für die Wohnungsnot und die Versorgungsprobleme. Vertriebene wurden in Wohnungen zwangseingewiesen und verschärften so die Wohnungsnot und die Nahrungsmittelknappheit in den Städten. Durch sie wandelten sich auch die Gesellschaftsstrukturen. Es kam zu konfessionellen Durchmischungen, dörfliche Strukturen wurden aufgebrochen und einzelne Siedlungen entwickelten plötzlich einen städtischen Charakter. Dabei

waren die Migranten selbst keine homogene gesellschaftliche Gruppe. Vielmehr spiegelte sich in ihnen eine große gesellschaftliche
Bandbreite wider. Insbesondere im ersten Nachkriegsjahrzehnt
zeigten sich viele soziale Spannungen zwischen Migranten und der
einheimischen Bevölkerung. Der Begriff ›Vertriebener‹ wurde nicht
selten als Schimpfwort benutzt und es entwickelten sich vielfältige
Arten der sozialen Ausgrenzung. Gleichzeitig stiegen die Vertriebenen zu einer neuen und sehr einflussreichen gesellschaftlichen
Gruppe auf, die in der frühen Bundesrepublik ein enormes politisches Gewicht erlangte. Sie verfügte über ein hohes Stimmenpoten-
tial in Bund, Ländern und Kommunen. Die Interessen bündelten sich
im 1950 gegründeten Bund der Heimatvertriebenen, der 1957 in
Bund der Vertriebenen (BdV) umbenannt wurde. Der BdV gliederte-
te sich u. a. in 20 Landsmannschaften, die die Herkunftsgebiete der
Vertriebenen repräsentierten und sie so als Teile Deutschlands in
der Erinnerungskultur verankerten. Anfang September wurde jähr-
lich der ›Tag der Heimat‹ in Gedenken an die deutschen Ostgebiete
zelebriert.

War die reale Integration der Vertriebenen zumeist ein lokales
Phänomen, das sich in Vereinen, Parteien, Organisationen oder
Nachbarschaften ›vor Ort‹ vollzog, so konnte die Bundespolitik die
Integration der Vertriebenen in die Gesellschaft durch politische Beschlüsse fördern. Sie waren Teil eines generellen Maßnahmenpa-
kets, mit dem die Bundesregierung versuchte, die Lasten des Krieges gleichmäßig auf die Bevölkerung zu verteilen. Der erste Schritt
war das Gesetz über die Versorgung der Opfer des Krieges (1950).
Diesem folgte mit dem Lastenausgleichsgesetz von 1952 ein sehr
grundlegender politischer Eingriff in die Lebens und Vermögensver-
hältnisse der deutschen Bevölkerung. Das Gesetz sah eine finanzielle Entschädigung aller Deutschen vor, die Vermögenswerte durch
den Krieg verloren hatten. Hiervon waren Vertriebene, Spätheim-
kehrer und Sachwertbesitzer betroffen. Im Gegenzug wurden diejenigen Bevölkerungsteile belastet, denen nach dem Krieg Vermögenswerte wie Immobilien verblieben waren, von denen bis zu 50 %
des Werts nach dem Stand von Juni 1948 verauslagt wurden. Sie
konnten die fälligen Abgaben über Raten auf bis zu drei Jahrzehn-

ten strecken, sodass die Belastungen inflationsbereinigt insgesamt geringer ausfielen. Der Leistungskatalog für die Begünstigten umfasste Direktzahlungen, Darlehen zum Aufbau einer neuen Existenz, wie etwa Anreize für den Eigenheimerwerb oder Wohnungsbau, sowie Renten. In der Summe war das Lastenausgleichsgesetz das umfangreichste Gesetz für wirtschaftliche und finanzielle Transferleistungen in der alten Bundesrepublik. Es war aber nicht nur wirtschaftlich bedeutsam, sondern hatte ebenso enorme psychologische und integrative Auswirkungen.

Den Abschluss dieser ersten Phase der gesellschaftspolitischen Weichenstellung, die auch als Ausgleichsphase der Verteilung von Kriegslasten betrachtet werden kann, um den einzelnen Bevölkerungsteilen in etwa gleiche Startbedingungen in der neuen Bundesrepublik zu verschaffen, war das Bundesvertriebenengesetz von 1953. Es wurde zur ›Magna Charta‹ der Vertriebenen, weil ein zentraler rechtlicher Rahmen für die Integration von Vertriebenen geschaffen wurde. Das Gesetz definierte die Gruppe der Vertriebenen und regelte ihren Status. Es verpflichtet obendrein Bund und Ländern darauf, das kulturelle und historische Erbe der ehemaligen Ostprovinzen des Deutschen Reichs zu bewahren.

IV. Fazit

Zwischen 1948 bis 1952 kam es zur Wiedergeburt nationaler Staatlichkeit in Deutschland, die in hohem Maße fremdbestimmt erfolgte und mit der Gründung der EGKS im April 1951 den Weg in eine immer intensivere Verflechtung der Bundesrepublik in das europäische föderale System einschlug, wie es sich heute in der Europäischen Union abbildet. Die Weichen in die Bundesrepublik stellten die alliierten Verantwortungsträger, v. a. die USA, die deutschen Akteure gestalteten die Details der politischen, wirtschaftlichen und gesellschaftlichen Ordnung aus. Seit 1948 emanzipierten sich deutsche Verantwortungsträger immer mehr von den alliierten Machthabern, sie blieben aber unter Beobachtung, da die Hohe Kommission auf dem Petersberg die Gesetze des deutschen Parlaments vorerst ge-

genzeichnete. Für die politische, wirtschaftliche und gesellschaftliche Entwicklung der Bundesrepublik in dieser Phase erwiesen sich
innen- wie außenpolitische Entwicklungen und Zusammenhänge als
gleichermaßen bedeutsam. Gesellschaftspolitisch ging es derweil
um Konsolidierung im Inneren sowie um die endgültige Überwindung kriegsbedingter Notlagesituationen. Durch die Angleichung
der Lebensverhältnisse der Bevölkerung sollten allen Deutschen
möglichst gute Startbedingungen in die neue Bundesrepublik ermöglicht werden.

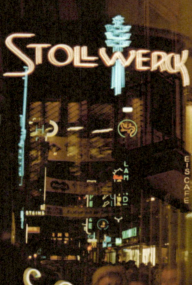

KAPITEL 3
1952–1966/69: WIRTSCHAFTSWUNDER UND EUROPÄISCHE INTEGRATION ALS GRUNDLAGE STAATLICHER ENTWICKLUNG

I. Einleitung

Die Zeitspanne des sogenannten ›Wirtschaftswunders‹ zwischen 1952 und 1966/69 gilt in der Geschichte der Bundesrepublik als die Phase des nachhaltigen wirtschaftlichen Wachstums, in der der neue Wohlstand nicht nur für die Stabilisierung von Politik und Gesellschaft sorgte, sondern eben auch den Krieg und die NS-Zeit in Vergessenheit geraten ließ. Materieller Wohlstand, die Ausbreitung individueller Lebensentwürfe und kalkulierbare außenpolitische Konstellationen stellten dabei die Basis aller Veränderungen dar. Erst mit der nachlassenden wirtschaftlichen Dynamik zu Beginn der 1970er-Jahre und der (außen-)politischen Neuorientierung der sozial-liberalen Koalition sollten sich erneut fundamentale Veränderungen einstellen.

So sehr diese Darstellung der 1950/60er-Jahre die Geschichte der Bundesrepublik treffend beschreibt, so ergänzungswürdig ist diese bis heute gängige Interpretation. Zum einen war das Wirtschaftswunder kein genuin deutsches Phänomen. Vielmehr vollzog sich nahezu überall in Westeuropa, den USA und Japan eine Phase kontinuierlichen wirtschaftlichen Wachstums. Zum anderen sollte mit der Gründung der EWG, mit der die europäische Integration nach dem Modell der EGKS markant erweitert wurde, die Bundesrepublik sich auf einen institutionellen Entwicklungspfad begeben, der ihre Staatlichkeit im föderalen europäischen Verbund ganz elementar veränderte. Indem die Bundesrepublik die Supranationalität der EWG im gesamten Bereich der Wirtschaft akzeptierte, willigte sie indirekt darin ein, ihren eigenen legislativen Handlungsspielraum im Rahmen europäischer Vorgaben einzuschränken. Die Funktions- und Entwicklungsbedingungen der Bundesrepublik änderten damit in zweierlei Hinsicht in den 1950er- und 1960er-Jahren ihren Charakter. Erstens verloren die alliierten Siegermächte ihre richtungsweisende Funktion für die bundesdeutsche Politik. Sie wandelten sich in dieser Zeit von Besatzern zu Beschützern im Bedrohungsszenario des Kalten Kriegs. Zweitens entkoppelte sich in diesem Zeitraum, v. a. nach dem Bau der Berliner Mauer 1961, die staatliche Entwicklung von Bundesrepublik und DDR nahezu vollständig, sodass die Bundesrepublik sich fortan praktisch unabhängig von der DDR zu entwickelte.

II. Europäische Integration als Grundlage staatlicher Entwicklung

Hatten die Staats- und Regierungschefs aus Belgien, Deutschland, Frankreich, Italien, Luxemburg und den Niederlanden mit der Gründung der Europäischen Gemeinschaft für Kohle und Stahl (EGKS) im April 1951 den Weg in ein europäisches Föderalsystem eingeschlagen, so geriet diese Entwicklung in den Jahren 1952 bis 1954 ins Stocken. Weder konnten sich die sechs Mitgliedstaaten auf eine erweiterte supranationale Zusammenarbeit in den Bereichen Verteidigung und Politik einigen, noch waren sie bereit, ihre nationale Souveränität zu schnell aufzugeben. Insbesondere Frankreich tat sich schwer damit, die nationale Verteidigung unter ein gemeinsames Kommando mit der Bundesrepublik zu stellen, selbst wenn dies nur partiell erfolgen sollte. Der nächste größere Schritt in Richtung des europäischen föderalen Systems erfolgte dann erst am 15. März 1957 mit der Unterzeichnung der Römischen Verträge, die 1958 die Europäische Wirtschaftsgemeinschaft (EWG) begründeten. Nach knapp zweijährigen Verhandlungen hatte man sich darauf geeinigt, die nationalen Wirtschaften zu einem gemeinsamen Markt mit einheitlichen Regeln zusammenzuschließen. Mit der EWG-Gründung wurde nicht nur Brüssel zu einer Art europäischer Hauptstadt, sondern es wurde eine tatsächliche Wirtschaftsgemeinschaft gegründet, die den Einstieg in einen schrittweisen Transfer von immer größeren Teilen nationaler Souveränität auf die EWG bedeutete.

Der EWG-Vertrag war für die Bundesrepublik eine entscheidende Wegmarke hin zur Einbettung in ein sich in vielerlei Hinsicht föderal strukturierendes Europa. Die nationale Gesetzgebung wurde fortan immer abhängiger von den in den EWG-Verordnungen und Richtlinien festgelegten Vorgaben aus Brüssel. Richtungsweisend wurde dafür ein Urteil des Europäischen Gerichtshofs (EuGH) aus dem Jahr 1963, das das europäische Recht grundsätzlich über das nationale Recht stellte, wodurch die Bundesrepublik in ein Mehrebenenmodell politischer Entscheidungsstrukturen und Rechtsordnungen eingebunden wurde. Ob der EWG-Vertrag dieses Urteil tatsächlich rechtfertigte, lässt sich kontrovers diskutieren. Entscheidend war vielmehr, dass die Regierungen der EWG-Mitgliedsstaaten das Urteil für sich akzeptierten. Anders als das Völkerrecht stand das Gemeinschaftsrecht der EWG nun nicht mehr neben dem nationalen Recht, sondern darüber. Wie bedeutsam diese Entscheidung über den engeren Bereich des Wirtschaftsrechts hinaus für die Bundesrepublik sein sollte, war zu diesem Zeitpunkt noch kaum jemandem bewusst. Da die EWG in den ersten Jahren ihrer Existenz eine enorme legislative Dynamik entfaltete, kam es in den 1960er-Jahren zu vielfältigen, sehr grundlegenden europäisch einheitlichen Regelungen beispielsweise in der Wettbewerbs- oder der Agrarpolitik. Nicht alle Politiken, die ursprünglich anvisiert worden waren, konnten erfolgreich umgesetzt wurden. So scheiterte unter anderen in den 1960er-Jahren eine europäische Verkehrspolitik an nationalen Widerständen. Dennoch war die Wirtschaft der erste Politikbereich, in dem sich die Bundesrepublik in ein föderales europäisches System eingliederte, welches ihren eigenen Gestaltungsspielraum einengte und gleichzeitig die internationale Arbeitsteilung spürbar erhöhte.

III. Die innenpolitische Stabilisierung im internationalen Kontext

Mit dem Jahr 1952 zeichnete sich neben der Einbindung in das entstehende europäische Föderalsystem die langfristige politische Verankerung der Bundesrepublik im westlichen Staatensystem deutlich ab. Daran änderte auch der letztlich erfolglose Versuch der Sowjetunion mit der Stalin-Note vom 10. März 1952, die Westbindung doch noch zu torpedieren und die Zweistaatenlösung infrage zu stellen, nichts mehr.

Der eingeschlagene Weg war unumkehrbar und auch die Bevölkerung der Bundesrepublik zeigte sich mit der Entwicklung des neuen Staates zufrieden. Sie bescherte bei der zweiten Bundestagswahl vom September 1953 der CDU und ihrem Kanzler Konrad Adenauer einen deutlichen Wahlsieg. Dieser sollte die CDU in ihrer zweiten Amtsperiode in die Lage versetzen, zentrale Richtungsentscheidungen für die Zukunft der Bundesrepublik zu fällen. Dabei ging es zunächst um die Wiederbewaffnung zur Selbstverteidigung und als Beitrag zur westlichen Verteidigungs- und Sicherheitsallianz. War ursprünglich vorgesehen, diesen im Rahmen der supranationalen Europäischen Verteidigungsgemeinschaft (EVG) zu erbringen, so rückte nach dem Scheitern der EVG in der französischen Nationalversammlung am 30. August 1954 die direkte NATO-Mitgliedschaft in den Fokus. Für die Bundesrepublik stellte dies gleichwohl einen größeren Schritt in Richtung Souveränität dar, sollte bei der NATO doch die deutsche Armee gleichberechtigt neben den anderen Mitgliedern stehen, während sie bei der EVG sich einer supranationalen Oberaufsicht hätte unterstellen müssen. Ein erster Schritt erfolgte im Oktober 1954, als die Pariser Verträge den Brüsseler Pakt von 1948 um die Bundesrepublik und Italien erweiterten. Damit war nicht nur der Weg in die NATO geebnet, sondern auch Großbritannien, Frankreich, Belgien und die Niederlande verpflichteten sich, Truppen auf deutschem Territorium zu stationieren, um gegen einen möglichen Angriff aus dem Osten gewappnet zu sein. Dazu hatten zuvor im Deutschlandvertrag die drei Westalliierten ihr Verhältnis mit der Bundesrepublik an die neuen Bedingungen angepasst,

Die Stalin-Note

DDR-Plakat
zur
Stalin-Note

Der sowjetische Außenminister Andrej Gromyko legte den drei Westalliierten am 10. März 1952 ein Konzept für die Lösung der Deutschen Frage vor, das als ›Stalin Note‹ in die Geschichte eingehen sollte. Dieses schlug eine Wiedervereinigung Deutschlands in den auf
der Potsdamer Konferenz diskutierten Grenzen, d. h. entlang der
Oder-Neiße-Linie, sowie einen Friedensvertrag mit Deutschland vor.
Dem wiedervereinten Deutschland sollten weitgehende politische
wie wirtschaftliche Freiheiten eingeräumt und ein Abzug der alliierten Streitkräfte binnen eines Jahres in Aussicht gestellt werden. Als
Gegenleistung forderte die Note vom wiedervereinigten Deutschland, dass es keinem Militärbündnis beitrat, welches sich gegen einen der Alliierten wandte. Sowohl die drei Westalliierten als auch die
Bundesregierung lehnten die Note ab, insbesondere wegen der un-
geklärten Frage der Ostgrenze und der Forderung nach einer ›de facto‹ Neutralität. In weiteren Notenwechseln, die sich bis in den Herbst
1952 hineinzogen, konnte keine wesentliche Annäherung zwischen
beiden Seiten erzielt werden. Die Stalin-Note löste und löst bis heute kontroverse Diskussionen aus. Sahen die einen in ihr lediglich ein
Störmanöver Stalins, um die weitere Westintegration der Bundesrepublik zu torpedieren, so beklagten andere, dass eine tatsächliche
Chance zur frühen Wiedervereinigung verpasst worden wäre.

sodass die Bundesrepublik die volle Souveränität über ihre äußeren und inneren Angelegenheiten erhielt. Nur wenige Einschränkungen bestanden weiterhin: So blieben Westberlin und gesamtdeutsche Angelegenheiten unter alliierter Oberhoheit. Auch waffentechnisch musste die Bundesrepublik erhebliche Einschränkungen akzeptieren. Auf dieser Basis erfolgte zum 9. Mai 1955 der formelle Beitritt der Bundesrepublik zur NATO. Die DDR trat am 4. Juni 1955 dem neu gegründeten Warschauer Pakt bei. Die außenpolitische Festigung der Bundesrepublik wurde schließlich durch die schrittweise Wiedereingliederung der Saar in den Jahren 1957 bis 1959 als eigenständiges Bundesland untermauert, nachdem sich die Bevölkerung explizit gegen eine ›Europäisierung des eigenen Territoriums‹ ausgesprochen und der Élysée-Vertrag die deutsch-französische Aussöhnung 1963 untermauert hatte.

Spätestens seit 1955 war die Zweistaatenlösung in Deutschland ein Faktum des Kalten Krieges. Dies wurde noch dadurch untermauert, dass die Sowjetunion am 25. Januar 1955 den Kriegszustand mit Deutschland offiziell für beendet erklärte und Bundeskanzler Adenauer am 7. Juni 1955 die erste offizielle Einladung in die Sowjetunion erhielt. Von seiner Moskau-Reise im September brachte Adenauer dann die Zusage mit, dass die letzten deutschen Kriegsgefangenen zurückkehren durften. Gleichzeitig akzeptierte Adenauer die Errichtung einer Botschaft in der Sowjetunion, was insofern heikel war, als es damit in Moskau zwei deutsche Botschaften gab – eine der BRD und eine der DDR. Um den Alleinvertretungsanspruch der Bundesrepublik dennoch nicht aufgeben zu müssen, antwortete die Bundesrepublik mit der offiziellen Verkündung der Hallstein-Doktrin, nach der diplomatische Beziehungen mit der DDR als unfreundlicher Akt gegen die Bundesrepublik angesehen wurden. Die Hallstein-Doktrin sollte für die nächsten eineinhalb Jahrzehnte die Leitlinie der bundesrepublikanischen Außenpolitik hinsichtlich der Anerkennung der DDR durch Drittstaaten bilden.

In der zweiten Hälfte der 1950er-Jahre hatte die Bundesrepublik zu einer eigenen Identität gefunden und war zunehmend in der Lage, sich unabhängig von äußeren Einflüssen politisch wie gesellschaftlich zu positionieren. Dementsprechend passte sogar die SPD

Der Élysée-Vertrag

Der deutsch-französische Freundschaftsvertrag vom 22. Januar 1963, der allgemein auch als Élysée-Vertrag bezeichnet wird, stellte 1963 die bilaterale Zusammenarbeit beider Staaten auf eine neue institutionelle Basis. Die vielfach als ›Erbfeindschaft‹ beschriebenen Beziehungen, die im 19. und 20. Jahrhundert Anlass vielfältiger blutiger Kriege gewesen waren, wurden durch den Vertrag offiziell als freundschaftliches Verhältnis definiert. Das Abkommen legte regelmäßige Konsultationen in Fragen der Außen-, Sicherheits-, Jugend- und Kulturpolitik fest.

In mehreren Schritten wurde der Geltungsbereich des Vertrags erweitert und damit die deutsch-französischen Regierungskonsultationen intensiviert. 1988 ergänzten der deutsche Bundeskanzler Helmut Kohl und der französische Staatspräsident François Mitterand das Abkommen um die Verteidigungs- sowie die Wirtschafts-, Finanz- und Währungspolitik. Seit 2003 tagt in regelmäßigen Abständen der deutsch-französische Ministerrat in einer gemeinsamen Sitzung beider Kabinette. In der Europäischen Union nehmen Deutschland und Frankreich auch aufgrund des Élysée-Vertrags eine Sonderrolle ein.

Neben politischen Kontakten initiierte der Vertrag das deutsch-französische Jugendwerk als Institution zur Förderung der Verständigung und des Austauschs zwischen Jugendlichen und jungen Erwachsenen beider Nationen. Seit 1963 haben mehr als neun Millionen junge Menschen an den Programmen des Jugendwerks teilgenommen.

Unterzeichnung des Élysée-Vertrages am 22. Januar 1963

sich an die neuen politischen, wirtschaftlichen und gesellschaftlichen Realitäten an und vollzog mit dem Godesberger Programm eine programmatische Wende. Die Partei verabschiedete sich vom Anspruch der sozialistischen Arbeiterpartei und bekannte sich zur Marktwirtschaft.

Teil dieser Souveränität waren erste Schritte in Richtung einer eigenverantwortlichen Auseinandersetzung mit der NS-Vergangenheit. Im Dezember 1958 nahm die in Ludwigsburg angesiedelte staatliche ›Zentrale Stelle zur Aufklärung nationalsozialistischer Verbrechen‹ ihre Arbeit auf. Die jüngere Generation begann nun ganz langsam damit, Fragen an ihre Eltern und Großeltern über deren Rolle in der NS-Zeit zu stellen. Trotz erster Anfänge offizieller Aufarbeitung fand eine kritische Auseinandersetzung mit der NS-Zeit weder durch die Politik noch in den meisten Familien statt. Insbesondere aus der Sicht der jüngeren Generation, die in der Bundesrepublik geboren oder aufgewachsen war, lenkte ein großes Schweigekartell, getragen vom politischen wie ökonomischen Erfolg der Bundesrepublik, die Aufmerksamkeit auf andere, weniger schwierige und moralisch aufgeladene Themen.

Mit dem Rücktritt Konrad Adenauers am 15. Oktober endete 1963 eine Ära. Mit dem Abgang Adenauers war eine Phase zu Ende gegangen, in der die nationale Staatlichkeit hergestellt, die Bundesrepublik fest im Westen und der Europäischen Gemeinschaft verankert worden war und in der das ›Primat der Politik‹ unzweifelhaft galt. Zwar war das Wirtschaftswachstum zuvor eine notwendige Bedingung der Genese der Bundesrepublik gewesen, aber letztlich hatte Adenauer die Politik immer vorangestellt. Die folgende Kanzlerschaft von Ludwig Erhard zwischen dem Oktober 1963 und dem November 1966 lässt sich eher als eine Übergangsphase hin zu neuen Entwicklungsbedingungen in der Geschichte der Bundesrepublik interpretieren.

IV. Das ›Wirtschaftswunder‹

Die Wirtschaft war nicht nur der Träger der europäischen Zusammenarbeit, sondern auch der nationalstaatlichen Entwicklung der Bundesrepublik. Diese erreichte im Laufe Jahres 1952 den Durchbruch zu einem sich selbst tragenden Wachstum mitsamt einer starken Expansion des Außenhandels. Es wurden nun Investitionen in neue Produktionskapazitäten sowie in die Konsumgüterindustrie getätigt, sodass sich die Produktpalette der bundesdeutschen Wirtschaft enorm erweiterte. Zu den neuen Wachstumssektoren gehörten die Chemieindustrie, die Automobilindustrie, der Maschinenbau und die Pharmazie. Generell stellten die boomende Weltwirtschaft, die gestiegene Nachfrage nach Rüstungsgütern im Kalten Krieg und ein nahezu Gesamteuropa umfassendes Wirtschaftswachstum das Rückgrat des Wirtschaftswunders dar.

Getragen vom wirtschaftlichen Wachstum wandelte sich die Wirtschaftsstruktur der Bundesrepublik grundlegend. Nicht nur wurden neue Industrien zu Motoren des Wachstums, sondern es erfolgte eine erste Verschiebung in der Bedeutung der einzelnen Wirtschaftssektoren. Zum einen sank der Anteil der Landwirtschaft von 26 % des BSP (1950) über 13,7 % (1960) auf 8,5 % (1970). Dabei spielten Rationalisierungen und Mechanisierungen in der landwirtschaftlichen Produktion eine große Rolle, u. a. stieg der Bestand von Traktoren von 139.000 auf 824.000. Gleichzeitig stieg der Beschäftigungsanteil des tertiären Sektors auf deutlich über 40 % an, wobei insbesondere die Ausweitung des öffentlichen Dienstes sich bemerkbar machte. Zum anderen setzte ein markanter industrieller Umschichtungsprozess aus den alten Industrien, v. a. der Montanindustrie und der Textilindustrie, in die neuen industriellen Wachstumsmotoren wie die Chemieindustrie oder den Automobilbau ein, der auch auf Veränderungen auf den Weltmärkten und der Errichtung der Europäischen Gemeinschaft für Kohle und Stahl (EGKS) reagierte. Insbesondere die EGKS befeuerte diesen Prozess, verbot sie doch wettbewerbsverzerrende Praktiken wie Tarifvergünstigungen oder Zölle, mittels derer die Staaten Europas seit dem 19. Jahrhundert ganze Montanregionen vor dem internationalen Wettbewerb

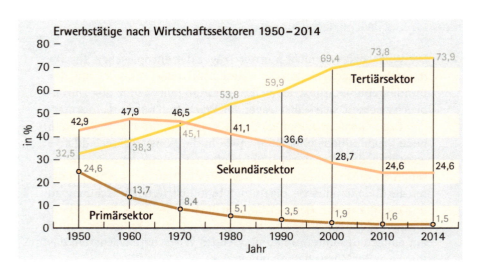

abgeschirmt hatten, um in der Produktion von kriegsrelevanten Gütern autark bleiben zu können. Traditionelle Montanregionen wurden nun einem strengen Wettbewerbsregime ausgesetzt, in dem sie sich komplett neu aufstellen mussten.

Aufgrund des deutlich gestiegenen Lebensstandards und der sozialpolitischen Errungenschaften in den späten 1950er-Jahren stieg die ›soziale Marktwirtschaft‹ zur konkurrenzlosen wirtschaftspolitischen Doktrin auf, die zum Symbol des vielzitierten ›Wirtschaftswunders‹ wurde und bis heute geradezu mystifiziert wird. Von den wirtschaftsstrukturellen Veränderungen blieb die konjunkturelle Entwicklung zunächst unberührt. In den 1960er-Jahre kam es zu einer erneuten Verdopplung des BSP, die lediglich im Jahr 1967 kurzzeitig unterbrochen wurde. Die konjunkturelle Entwicklung bewirkte durchweg Vollbeschäftigung, d. h., die Arbeitslosenquoten lagen zwischen 1,3 und 2,1 %, wobei die Zahl der offenen Stellen die Zahl der Arbeitslosen überstieg. Der Spiegel kommentierte die Situation auf dem Arbeitsmarkt bereits im Sommer 1959 mit den Worten: *»Der Kampf um Arbeiter ist zu einer aufreibenden Dauerbeschäftigung geworden, in die sich Personalverwaltungen großer Industrieunterneh-*

men verstrickt sehen wie kleinere Betriebe mit wenigen Beschäftigten.« Verschiedene Entwicklungen ließen dann zu Beginn der 1960er-Jahre das Arbeitskräftepotential in der Bundesrepublik weiter sinken, die Arbeitslosenquote auf 1,2 % im Jahr 1960 fallen und führten zu einem noch deutlicher spürbaren Arbeitskräftemangel. Erstens brach nach dem Mauerbau im August 1961 der Flüchtlingsstrom aus der DDR abrupt ab. Zweitens traten die geburtenschwachen Kriegsjahrgänge ins Erwerbsalter ein. Hinzu traten, drittens, die Folgen der sozial- und arbeitsmarktpolitischen Reformen, die die durchschnittliche Arbeitszeit von 44,4 auf 41,4 Wochenstunden (1961–1967) senkten und zu einem früheren Renteneintrittsalter führten.

Zu Beginn der 1960er-Jahre konnte der Arbeitskräftemangel letztlich nur durch die Anwerbung ausländischer Arbeitskräfte kompensiert werden. Ein erstes Anwerbeabkommen mit Italien wurde bereits 1955 geschlossen, danach folgten Spanien und Griechenland (1960), die Türkei (1961) und bis 1968 noch Marokko, Südkorea, Portugal, Tunesien und Jugoslawien. Die Abkommen waren auch rechtlich eine Herausforderung, weil zwischen den beteiligten Staaten geklärt werden musste, wie Abgaben für Sozialversicherung veranschlagt und verrechnet werden sollten.

In den 1960er-Jahren gingen Politik und Unternehmen davon aus, dass die Anwerbung von Arbeitern aus Süd- und Südosteuropa eine Maßnahme sei, die bei allen Beteiligten nur Gewinner kenne: (1) Für die deutschen Unternehmer waren die Gastarbeiter insofern attraktiv, als sie niedrige Löhne akzeptierten. Gleichzeitig mussten nur geringe soziale Folgekosten veranschlagt werden, da die Gastarbeiter die Arbeitskraft in den besten Jahren zur Verfügung stellten und sie keine langfristigen Versorgungskosten verursachten. Zudem hielten sich die Nebenkosten der Einstellung von Gastarbeitern, wie Wohnunterkünfte, Dolmetscher, Anwerbekosten oder Anlernphasen in Grenzen. (2) Für die deutsche Wirtschaft und Gesellschaft waren die Gastarbeiter als zeitlich begrenzter Konjunkturpuffer gedacht, da die Bundesregierung davon ausging, dass die Arbeiter schnell wieder in ihre Heimat zurückkehrten. Sie wurden als eine Art Saisonarbeiter betrachtet, wie sie in der Landwirtschaft bereits seit Langem

Montanregionen in der Krise:

Das Ende des Erzbergbaus im Siegerland

Montanindustrie und Bergbau kamen in Deutschland aufgrund immer offenerer Weltmärkte mit fallenden Preisen und dem gemeinsamen Markt für Kohle und Stahl der EGKS in eine immer schwierigere Konkurrenzsituation und erhöhten Kostendruck. Traditionelle Montanregionen wie etwa das Siegerland konnten nicht mehr mit Sondertarifen für den Eisenbahntransport unterstützt und damit profitabel gehalten werden, da die Wettbewerbsregeln des gemeinsamen Markts dies untersagten. Wenngleich die Unternehmen der Region versuchten, durch eine Klage vor dem Europäischen Gerichtshof die günstigen Tarife zu retten, untersagte das Gericht in einem Grundsatzurteil von 1962 diese indirekte Form der Subventionierung. Binnen weniger Monate stellten die letzten verbliebenen Gruben die Förderung von Erzen endgültig ein. Die Wettbewerbsregeln der EGKS beendeten so jahrhundertealte Gewerbetraditionen und zwangen ganze Wirtschaftsregionen zu grundlegenden strukturellen Wandlungen. Sie beendeten aber auch eine Epoche des nationalen Wirtschaftsprotektionismus zugunsten europäischer Lösungen.

Tagesanlagen der Eisenerzgrube Storch & Schöneberg in Gosenbach
(Siegerland), ca. 1900.

Tradition waren. Dementsprechend waren die Anwerbeabkommen gestaltet. Hinzu kam, dass die Gastarbeiter den deutschen Arbeitern den Aufstieg in höher qualifizierte Berufe erleichterten, weil sie die un- bzw. angelernten Tätigkeiten übernahmen. Auch auf dem Rücken der Gastarbeiter stiegen in den 1960er-Jahren 2,3 Millionen deutsche Arbeiter in Angestelltenverhältnisse auf. (3) Für die Gastarbeiter deckten sich die anvisierten kurzen Verweildauern in Deutschland mit den eigenen Interessen. Sie waren überwiegend männlich, zwischen 20 und 40 Jahre alt und ohne Familienanhang. Die überwiegende Mehrheit verfolgte die feste Absicht der Heimkehr nach relativ kurzer Zeit, sodass auch die Erwartungen an Unterkunft und die Qualität der Arbeit niedrig waren. Viele der Gastarbeiter wollten schlichtweg so viel Geld wie möglich für einen Existenzaufbau in der eigenen Heimat verdienen. Überstunden und billiges Wohnen passten da zunächst gut ins Konzept. (4) Für die Entsendeländer wurden ebenfalls positive Effekte erwartet, entlasteten die Gastarbeiter doch die dort recht hohen Arbeitslosenzahlen und brachten Expertise mit zurück ins Land. Durch den Kapitalimport via Lohntransfers, die dann in den Heimatländern investiert wurden, ließen sich sogar direkte Wachstumsimpulse in der Baubranche erkennen.

Im Laufe der 1960er-Jahre überschritt die Zahl der Gastarbeiter bald die Millionengrenze. Der Portugiese Armando Rodriguez wurde 1964 als der millionste Gastarbeiter begrüßt und symbolisch mit einem Moped beschenkt. Ende der 1960er-Jahre lebten mehr als 2 Millionen Ausländer in der Bundesrepublik, deren Integration in die Gesellschaft anfangs nicht vorgesehen war und langfristig enorme siedlungsstrukturelle Konsequenzen hatte. Dass mit den Abkommen über die Anwerbung von Gastarbeitern der Einstieg in eine multiethnische Gesellschaft erfolgte und damit eine fundamentale Transformation der bundesdeutschen Gesellschaft angestoßen wurde, ahnte damals niemand. In den 1960er-Jahren überlagerte das Wirtschaftswunder noch die meisten gesellschaftlichen Konflikte. Selbst als in Folge der kleinen Rezession von 1966/67 erste zaghafte Anzeichen von Fremdenfeindlichkeit zutage traten und die NPD zwischen 1966 und 1968 in insgesamt sieben Landtage einziehen

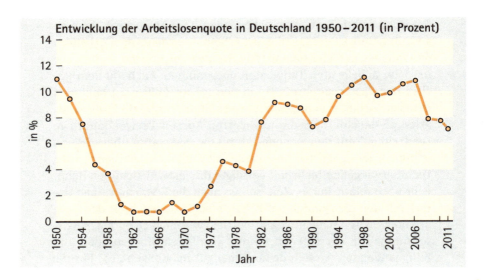

Entwicklung der Arbeitslosenquote in Deutschland 1950–2011 (in Prozent)

konnte, wurde über die Integration dieser wachsenden Bevölke-
rungsgruppe in die deutsche Gesellschaft nicht nachhaltig diskutiert. Zu schnell verschwand das Thema von der Tagesordnung, als
die Konjunktur im Laufe des Jahres 1967 langsam wieder anzog. Zudem funktionierte der flexible Krisenausgleich 1967 tatsächlich, da
vorübergehend weniger Gastarbeiter kamen und viele entsprechend der ursprünglichen Kalkulation zurück in die Heimatländer
gingen.

Im Laufe der 1960er-Jahre mehrten sich die Stimmen aus der Industrie, die auf längere Verweildauern für Gastarbeiter drängten. In
vielen Betrieben verursachte hohe Fluktuation zunehmend hohe
Kosten in der Phase der Anlernung und Einarbeitung, weil auch die
Tätigkeitsbereiche der Gastarbeiter anspruchsvoller wurden. Politik und Verwaltung reagierten, indem sie die rechtlichen Rahmenbedingungen veränderten. So führte die Novelle des Ausländerge-
setzes vom April 1965 zwar ein rigides Aufenthalts- und Arbeitser-
laubnisrecht für Ausländer ein, räumte den Behörden aber große
Ermessensspielräume ein. Die Folge waren steigende Verweildau-

Der einmillionste Gastarbeiter Armando Rodriguez wird begrüßt.

S DE EMPRESARIOS SALUDAN EL
000° TRA
NDUSTR
SAUDA O 1.000 000°
ARIO EST
VERBÄND
ÜSSEN DEN 1.00
CASTAR

ern, v. a. brachte die Arbeitserlaubnisverordnung von 1971 die Möglichkeit einer Verlängerung der Erlaubnis um weitere 5 Jahre, sobald ein Gastarbeiter bereits 5 Jahre in der Bundesrepublik war. Eine langfristig bedeutsame Ausnahme bildeten Gastarbeiter aus Italien, die sich aufgrund des EWG-Rechts spätestens seit 1970 den inländischen Arbeitnehmern gleichgestellt sahen.

V. Gesellschaftliche Veränderungen im Schatten des Wirtschaftswunders

Das Wirtschaftswunder ermöglichte in den 1950er- und 1960er-Jahren auch eine expansive Sozialpolitik, die sich als innenpolitischer Stabilisator der Gesellschaft erweisen sollte. Sie half dabei, eine Polarisierung nach Arm und Reich in ihrer existenzbedrohenden Ausprägung zu überwinden. Auf der Basis wirtschaftlicher Sicherheit entstand so in vielen Bevölkerungsteilen Vertrauen in die Politik und das politische System der Bundesrepublik. Ein zentrales Eckdatum in dieser Phase der Expansion des Sozialstaats war die Rentenreform von 1957. Sie kann als Zäsur in der Genese des Sozialstaats betrachtet werden, da sie einschneidende Auswirkungen auf das Verhältnis von Bevölkerung und Sozialstaat hatte. Nach dem Lastenausgleichsgesetz war sie die zweite große sozialpolitische Leistung der Bundesregierungen in den ersten Jahrzehnten der Bundesrepublik. Da die Rentnerexistenzen als eine Achillesferse der Wirtschaftsverfassung in der ersten Hälfte der 1950er-Jahre ausgemacht worden waren, strebte die Regierung Adenauer eine reale Existenzsicherung durch die Rente an. Einmal mehr setzte sich Adenauer dabei gegen Vertreter des Wirtschaftsministeriums und der Wirtschaft durch, die einen enormen Inflationsdruck befürchteten. Kernelemente der Reform waren: (1) Die Dynamisierung der Renten, d. h. ihre Kopplung an die Lohnentwicklung, wodurch der Rentner vom Wirtschaftsaufschwung profitieren konnte. (2) Die Erhöhung des Anspruchs auf 60 % seines Durchschnittslohns anstatt wie zuvor 34 % nach 40 Jahren Einzahlungen. (3) Die Bezahlung von Renten aus dem laufenden Sozialprodukt (Generationenvertrag) ersetzte das Modell

Mobilität

Symbol für die individuelle Automobilisierung waren der VW Käfer oder das Goggomobil. Kleinstwagen wurden so zum Träger individueller Mobilität, die ohne umfassenden Komfort und zu einem günstigen Preis das Mobilitätsbedürfnis befriedigten.

Werbeplakat für den VW-Käfer, um 1955

eines angesparten Deckungsfonds. In Folge der Rentenreform stiegen in den 1960er-Jahren die Renten um 110 % im Einklang mit den
Löhnen. Dabei muss die Rentenreform auch als eine Antwort auf
sich verändernde Familienstrukturen gesehen werden, in denen die
Versorgung der Älteren nicht mehr im Familienverband erfolgte.
Weitere sozialpolitische Projekte flankierten den Ausbau des Sozialstaats in den 1960er-Jahren: etwa die Fortzahlung des Nettolohns
im Krankheitsfall, die Wiedereinführung des Kindergelds, die Woh-
nungsbauförderung oder die Einführung der Sozialhilfe.

Seit den 1950er-Jahren wurde die Sozialpolitik noch mehr als zuvor zur ›kollektiven Massenbestechung‹ im Kampf um Wählerstimmen und Identitätsstiftung mit dem politischen System eingesetzt.
Gleichzeitig baute der sozialpolitische Interventionsstaat auf einem
langfristigen Wirtschaftswachstum und der Vorstellung ungebrems-
ter konjunktureller Entwicklung auf. Wachstum wurde deshalb in
den 1960er-Jahren allzu oft als ein Naturgesetz interpretiert. Eine Folge war die allmähliche Entwertung der individuellen Selbstverant-
wortung und eine Entmündigung der Bürger, die sich immer mehr
auf den Staat als Vorsorgeinstanz für alle Lebenslagen verließen.

Viele gesellschaftliche Konflikte wurden sowohl durch die Sozialpolitik als auch die ablenkende Wirkung des Massenkonsums ver-
deckt. Mit wachsendem Wohlstand wandelten sich langsam aber sicher die grundlegenden gesellschaftlichen Normen und Wertvorstellungen, was sich in der Bundesrepublik besonders gut an der
Automobilisierung festmachen lässt. Mit ihr begann in den 1950er-
Jahren der Weg in die Wohlfahrtsgesellschaft. Das Auto wurde
schnell zum Symbol für Freiheit, Wohlstand und Individualität. Die
Gesamtzahl der PKWs verachtfachte sich innerhalb von zehn Jahren
auf ca. 4 Millionen, von 36 pro Tausend Einwohner im Jahr 1950 auf
235 im Jahr 1960. Die Gesellschaft erfuhr so eine zuvor ungeahnte individuelle Mobilität. Das Auto entsprach dem individualistischen
Menschenbild, welches in der Bundesrepublik gesellschaftspolitisch
immer mehr propagiert wurde. Der Staat setzte Anreize für Indivi-
dualverkehr, u. a. durch Steuererleichterungen. Zusätzlich sanken
die Benzinkosten durch den permanent niedrigen Ölpreis der 1950er-
und 1960er-Jahre.

Mit dem Massenkonsum ging eine Ausdifferenzierung und Verfeinerung des Konsumverhaltens breiter Bevölkerungsschichten einher, die sich in vielerlei Hinsicht bemerkbar machte. Der Siegeszug der Selbstbedienungsgeschäfte wie des Essener Lebensmittelhändlers Aldi, in denen Kunden sich Zeit lassen und über Einkäufe nachdenken konnten, ist ein sichtbares Zeichen dieser Entwicklung. Gab es noch 1955 in der Bundesrepublik 325 dieser Art Geschäfte, so stieg deren Zahl bis 1970 auf 85.602 an. Der Einkaufsbummel wurde in den 1950er- und 1960er-Jahren langsam zur Freizeitbeschäftigung immer breiterer Bevölkerungsschichten, womit auch die Bedeutung der Innenstädte als Dienstleistungszentren wuchs.

Neue Konsummöglichkeiten und die Veränderung der Freizeit trugen ihren Teil dazu bei, dass individuelle Lebensstile an Bedeutung gewannen. Die Verkürzung der Arbeitszeiten ab Mitte der 1950er-Jahre und die allmähliche Einführung der 5-Tage-Woche ließen arbeitsfreie Wochenenden entstehen, die einen zusammenhängenden Freizeitblock schufen und Platz machten für das Einkaufserlebnis am Samstag. Es stand in vorher ungekanntem Maße Zeit für ein individuell bestimmbares Privatleben und für ebensolche Freizeit zur Verfügung. Individuelle Lebensstile waren auch deshalb attraktiv, als sie sich scharf abgrenzen ließen von den Normen und Werten der nationalsozialistischen ›Volksgemeinschaft‹. Individualität vereinfachte den Bruch mit dem Gewesenen und erleichterte den Schritt in die Bundesrepublik. Sie war aber ebenso ein Zeichen der Wiederaufbaumentalität, da der Wunsch, sich aus dem Elend der Nachkriegszeit zu erlösen, in erster Linie als privater Kraftakt verstanden und vorgelebt wurde und nicht als kollektiver Klassenkampf wie in der DDR.

Siedlungsstruktur/Wohnungsbau

Dem in den 1950er-Jahren einsetzenden Massenkonsum stand zunächst noch eine angespannte Situation auf dem Immobilienmarkt gegenüber, da der Wohnungsbau mit dem wachsenden Bedarf nicht Schritt halten konnte. Durch den permanenten Zustrom von Zuwanderern verblieb die Wohnungsnot auf einem hohen Niveau, sodass Notunterkünfte und Lager in den 1950er-Jahren weiterhin zur gesell-

schaftlichen Normalität zählten. Die Bundesregierung erklärte den Wohnungsbau bereits 1950 zu einem vorrangigen Ziel ihrer Politik. Noch im gleichen Jahr wurde das erste Wohnungsbaugesetz, vornehmlich für Vertriebene, beschlossen, in dessen Folge 1,8 Millionen staatlich geförderte, zumeist kleinere Wohnungen von ca. 45m² errichtet wurden. Der relativen Enge des Wohnraums zum Trotz wiesen sie Wohnstandards auf, die Altbauwohnungen bis dahin nicht kannten. So verfügten sie oft über ein eigenes Bad und WC sowie Zentralheizung in allen Zimmern. Wohnungsbauprogramme wurden Mitte der 1950er-Jahre auf breitere Bevölkerungsschichten ausgeweitet, gleichzeitig nahm die Bundesregierung einen Strategiewechsel vor, der auf Steuerbegünstigungen statt direktem staatlichen Wohnungsbau abzielte. Gleichzeitig nahmen die Grundstücks- und Wohnungsgrößen zu, was auch daran lag, dass ländliche Regionen und mittlere Städte einbezogen wurden. In den 1950er-Jahren wurden auf der Grundlage der neuen Wohnungsbaugesetze insgesamt über fünf Millionen Wohneinheiten errichtet, alleine 60 % davon im sozialen Wohnungsbau. In den Großstädten setzte die Politik auf Massenwohnungsbau.

Der forcierte Wohnungsbau ließ zunächst in den Städten die Narben der Kriegszerstörung verwachsen, was sich auch psychologisch positiv auswirkte, da die Zerstörungen des Krieges aus dem Alltag schwanden. Stattdessen prägte auch die Bausubstanz die Errungenschaften des Wirtschaftswunders. Es entstanden mehrstöckige Reihen- und Hochhausviertel, die besonders in den von den Kriegszerstörungen stark betroffenen Städten noch 70 Jahre nach Gründung der Bundesrepublik das Stadtbild prägen.

Im Jahr 1960 wohnten immerhin 1/3 aller Bundesbürger in einer Neubauwohnung. Die umfassende Bautätigkeit zeigte auch deutliche siedlungsstrukturelle Auswirkungen. Die zweite Wanderung von Vertriebenen innerhalb der Bundesrepublik sollte ebenso Konsequenzen haben. Von ihrer ersten Anlaufstelle auf dem Land zogen viele von ihnen in mittlere Städte zwischen 20.000 und 100.000 Einwohner. Hier entstanden am Stadtrand nicht selten ganze Wohnsiedlungen von Vertriebenen, die in der Stadtgeografie auffielen.

Dem Erfolg der Wohnungsbauprogramme zum Trotz bestand die Wohnungsnot zu Beginn der 1960er-Jahre fort. Es fehlten immer

Blick in den Verkaufsraum eines 1961 neueingerichteten Selbstbedienungsladen für Lebensmittel in der Gemeinde Sünna (Rhön), aufgenommen im Dezember 1961

noch 2,7 Millionen Wohnungen, was auch daran lag, dass die Bevölkerung aufgrund von Zuwanderungen und Babyboom weiter wuchs. So stieg die Zahl der Wohnungen im Laufe der 1960er-Jahre von 16,4 Millionen auf 20,6 Millionen an, gleichzeitig erhöhte sich die durchschnittliche Wohnungsgröße deutlich auf 86 m² für eine vierköpfige Familie. Dabei nahm zum einen die Zahl kleinerer Wohnstädte im Umfeld von Ballungszentren zu, die den Bedarf nach individueller Lebensgestaltung im Eigenheim befriedigte: Bungalowsiedlungen in den Vorstädten wurden zum Inbegriff von Modernität. Zum anderen entstanden Großraumsiedlungen in Form von Hochhaus-Anlagen, mit denen auch der letzte Wohnraumbedarf befriedigt werden konnte. Nach ihrer Errichtung bevölkerten diese Wohnsiedlungen zunächst eher sozial höhergestellte Erstmieter wie Beamte, Facharbeiter oder Angestellte, da Großwohnsiedlungen auch als ein Symbol von Modernität und Wohnkomfort galten.

Die unterschiedlichen Wohngebiete wurden über ausgedehnte S-Bahn- und U-Bahn-Systeme an die Arbeitsstätten und die Dienstleistungszentren angebunden. Insgesamt erfolgte so in der Boomphase eine überall sichtbare Erneuerung der Siedlungsstruktur der Bundesrepublik, die einen Bruch in der Raumordnung vollzog. Damit einher ging der massenhafte Autoverkehr, da mit zunehmender Motorisierung sich die Infrastruktur sowohl der Städte als auch der gesamten Bundesrepublik an die Massenmobilität anpassen musste. Das Auto wurde für die Bewältigung des Alltags immer bedeutsamer, insbesondere in den Wohnsiedlungen außerhalb der Städte. Auch deshalb verdreifachte sich in den 1960er-Jahren die Zahl der Autos pro 1000 Einwohner von 81 auf 230. Für die städtische Infrastruktur der Bundesrepublik galt in dieser Zeit das verkehrspolitische Leitkonzept der autofreundlichen Stadt, wozu auch die Trennung der Verkehrsträger im Stadtbild zählte, die nun auch zu einer Neukonzeption städtischer Verkehrsachsen führte. Die Straße wurde von Hindernissen befreit, die den Fluss der Autos störten. Straßenbahnen verschwanden, es entstanden Haltebuchten für Busse, Parkraum für PKWs und nicht zuletzt wurde der deutsche Schilderwald ausgesetzt, indem immer mehr Straßenschilder und Ampeln installiert wurden, um den Autoverkehr zu regeln. U-Bahnen er-

wiesen sich als teure Prestigeprojekte vieler Großstädte, galten sie doch als Symbol von Modernität. München stand an der Spitze dieser Entwicklung und zog andere Städte mit sich. Neue U-Bahn-Systeme entstanden dann in Städten wie Bremen, Düsseldorf, Frankfurt, Köln, Essen, Gelsenkirchen, Dortmund, Bielefeld, Bochum und Nürnberg.

In der autofreundlichen Bundesrepublik wurden nach der Bundestagswahl 1957 auch die Ausgaben für den Fernstraßenbau deutlich erhöht, u. a. wurden ab 1960 die Mineralölsteuereinnahmen für den Ausbau des Bundesfernstraßennetzes zweckgebunden. Die Bundesregierung setzte nun den 1942 abgebrochenen Ausbau des Autobahnnetzes fort und sorgte für die Fertigstellung von raumordnungspolitisch wichtigen Verkehrsachsen wie der Nord-Süd-Verbindung von Hamburg nach München oder der ›Hansa-Linie‹ zwischen dem Ruhrgebiet und Hamburg. Die Große Koalition schuf dann 1966 die haushaltspolitischen Vorbedingungen für umfassende kommunale Straßenbauprojekte, um die Straßeninfrastruktur auch in der Fläche auszubauen. Sie beschloss eine Erhöhung der Mineralölsteuer um 3 Pfennige, die zweckgebunden als Bundeszuschuss für kommunale Verkehrsinvestitionen vorgesehen wurde. Ende der 1960er-Jahre war die Bundesrepublik zum europäischen Vorbild im Straßenbau aufgestiegen und das Wort ›Autobahn‹ stand überall in Europa für unbegrenzte (Tempo-)Freiheit und individuelle Selbstverwirklichung hinter dem Steuer.

Sozialstruktur

In den 1950er- und 1960er-Jahren kam es in der Bundesrepublik zu einem starken Bevölkerungsanstieg. Der ›Babyboom‹ sorgte nicht nur für hohe Geburtenzahlen, sondern auch für einen Bevölkerungsanstieg von 55 Millionen gegen Ende der 1950er-Jahre auf 60,4 Millionen im Jahr 1969. Die Zunahme der Geburten hing unmittelbar zusammen mit der politischen Stabilität und der wirtschaftlichen Prosperität der Bundesrepublik. Zur Bevölkerungsentwicklung trug auch die starke Zuwanderung aus der DDR von insgesamt ca. 3,5 Millionen Menschen sowie weiteren 400.000 Spätaussiedlern aus Osteuropa bei. Dennoch darf nicht vergessen werden, dass in den ers-

U-Bahn-Baustelle am Marienplatz in München anlässlich der
Olympischen Sommerspiele 1972

Karl Schiller | 1911–1994

Initiator keynesianistischer Wirtschaftspolitik

Mit Karl Schiller übernahm in der Großen Koalition unter Bundeskanzler Kiesinger ein Wirtschaftsprofessor das Amt des Wirtschaftsministers, der entsprechend der vorherrschenden keynesianistischen
Wirtschaftslehre für einen starken Staat im Bereich der Wirtschaft
eintrat. Schiller etablierte das Konzept der Globalsteuerung, welches
eine permanente Einflussnahme des Staates auf die Wirtschaftsentwicklung vorsah, ohne dabei die marktwirtschaftliche Grundordnung
zu verneinen. Schillers wirtschaftspolitischer Kurswechsel sollte
nicht nur die ordoliberalistische Politik Erhard'scher Prägung been-
den, sondern auch die gesamten 1970er-Jahre prägen. Im Juli 1972
trat Schiller von allen seinen politischen Ämtern zurück, weil er keinen Rückhalt mehr in der Regierung Brandt verspürte.

ten beiden Nachkriegsdekaden 780.000 Menschen aus der Bundesrepublik vornehmlich mit dem Ziel USA auswanderten.

Sozialstrukturell brachte die lange Boomphase fundamentale
Veränderungen, wenngleich die 1950er-Jahre zunächst noch eher eine Phase sozialstruktureller Stabilität waren. Der Soziologe Ulrich
Beck spricht für die Zeit von einem Fahrstuhleffekt, nach dem zwar
alle Schichten durch höhere Löhne, neue Techniken und kürzere Arbeitszeiten ihre Lage verbesserten, sich aber lediglich bestehende
Ungleichheiten auf einem höheren Niveau reproduzierten. Eine tatsächliche Auflösung von Schichtgrenzen setzte in der Bundesrepublik erst in den 1960er-Jahren ein, womit der Weg frei wurde für soziale Mobilität. Insbesondere brach die generationsübergreifende
Reproduktion der Arbeiterschaft auf. So wurde der Arbeitersohn
aus dem Ruhrgebiet nicht mehr zwangsläufig Arbeiter. Die Repro-
duktionsquote der männlichen Industriearbeiterschaft sank von
70 % auf 56 %. Eine sich wandelnde Arbeitswelt, veränderte Berufs-
profile und die Übernahme von Tätigkeiten mit niedrigem Qualifi-
kations- und Lohnniveau ab den 1960er-Jahren durch Gastarbeiter
trugen dazu bei.

Flankiert wurden die sozialstrukturellen Veränderungen der
1960er-Jahre von einer breiten Diskussion um Bildung, die sich aus
vielen Kanälen speiste. Zum einen machten sich das Bevölkerungs-
wachstum und insbesondere der Babyboom in den 1960er-Jahren
deutlich in der Zunahme der Schüler bemerkbar, deren Zahl von 6,65
Millionen (1960) auf 8,95 Millionen (1970) anstieg. Zum anderen zeigten sich die Auswirkungen gewandelter Arbeitswelten, die in den
1960er-Jahren aufgrund der Veränderung auf dem Arbeitsmarkt einen Trend zu höheren Bildungsabschlüssen erkennen ließen. Eine
sinkende Quote von Hauptschülern und eine Verdopplung der Real-
schüler und Gymnasiasten, die mit einer Öffnung für Schülerinnen
einherging, waren deutliche Anzeichen. Das Schlagwort der ›Bil-
dungskatastrophe‹ stand symbolisch für die Forderung nach einer
deutlichen Verbesserung der Bildungschancen und des Bildungssys-
tems insgesamt. Besonderes Augenmerk wurde auf die Verbesserung der Bildungschancen der zuvor benachteiligten gesellschaftlichen Schichten, v. a. der Arbeiterkinder, gelegt. Soziale Mobilität galt

Elisabeth Schwarzhaupt | 1901–1986

Erste Bundesministerin

Mit Elisabeth Schwarzhaupt bekleidete seit November 1961 erstmals eine Frau einen Ministerposten in der Bundesrepublik. Die Ministerin für Gesundheitswesen, die erst im November 1966 mit der Großen Koalition ihr Amt abgab, hatte sich im Kampf um die Gleichberechtigung der Frau einen Namen gemacht. Sie hatte verhindert, dass in Ehestreitfragen dem Mann immer recht gegeben wurde, und damit einen wesentlichen Grundstein zur Gleichberechtigung im bürgerlichen Recht gelegt.

in diesem Kontext als gesellschaftspolitische Handlungsmaxime in der Bundesrepublik. Bildung wurde in den 1960er-Jahren als ein ökonomischer Wert und soziales Grundrecht entdeckt.

Später als viele andere europäische Staaten, u. a. auch als die DDR, entdeckten Politik und Gesellschaft in den 1960er-Jahren in der Bundesrepublik das Thema der Gleichberechtigung der Frau, das sich zunächst um Frauenerwerb und familiäre Leitbilder drehte. Zwar stagnierte die Frauenerwerbsquote in den 1960er-Jahren zunächst, doch wandelte sich die Erwerbsstruktur deutlich. Weibliche Arbeit verlagerte sich immer mehr in den tertiären Sektor, sodass bei Angestellten und Beamten der weibliche Anteil auf fast 40 % im Jahr 1970 anstieg. Dies ging einher mit einem ersten Trend hin zur Vereinbarkeit von Kindern und weiblicher Erwerbstätigkeit. Mütter mit schulpflichtigen Kindern stiegen im Durchschnitt immer öfter und immer früher wieder in das Berufsleben ein. Die Technisierung des Haushalts spielt in diesem Kontext eine große Rolle, weil die Vereinbarkeit von Kindern und Beruf erleichtert wurde. Diese Veränderungen, die besonders eine jüngere Generation von Frauen betrafen, traten eine lebhaft geführte Diskussion um familiäre Leitbilder los. Moderne Familienideale, wie sie in den 1950er- und 1960er-Jahren in der DDR bereits realisiert worden waren, trafen in der Bundesrepublik auf sehr konservative Vorstellungen. Noch Mitte der 1960er-Jahre sprach sich eine Mehrheit der Bevölkerung für ein Berufsverbot für verheiratete Frauen mit schulpflichtigen Kindern aus. Arbeitende Mütter würden nicht selten als egoistisch und konsumorientiert gebrandmarkt und ihnen im Umgang mit ihren Kindern die ›Wohlstandsverwahrlosung‹ vorgeworfen. Für viele Männer galt es als Schande, wenn die Frau arbeiten ging.

Ein ebenso kontrovers diskutierter Meilenstein in der Frage der sozialen Stellung der Frau war das Gleichberechtigungsgesetz von 1958, das die Streichung des Letztentscheidungsrechts des Ehemanns in allen Eheangelegenheiten brachte. Die Ehe wurde fortan zur Zugewinngemeinschaft, in der Frauen ihr in die Ehe eingebrachtes Vermögen selbst verwalten durften und in der der Ehemann nicht länger das Arbeitsverhältnis seiner Frau fristlos kündigen durfte. Demgegenüber benötigte die Frau aber weiterhin das Ein-

verständnis ihres Mannes für eine Erwerbstätigkeit, die dieser ver-
weigern konnte, wenn die Frau ihre familiären Pflichten nicht er-
füllte.

Medien

Massenmedial kam es in den 1960er-Jahren zur Durchsetzung des
Fernsehens als wichtiger Freizeitgestalter der bundesrepublikanischen Gesellschaft, wobei die Zahl der Fernsehhaushalte von 4 auf
15 Millionen stieg. Das Fernsehen erlaubte den Rückzug in die private Lebenswelt und vermittelte außerhäusliche Erfahrungen. Nicht
selten versammelte sich die Familie nunmehr abends vor dem Fernseher, statt Unterhaltungsangebote in Sportvereinen oder anderen
gesellschaftlichen bzw. kulturellen Organisationen wahrzunehmen.

Als ›Fenster zur Welt‹ bezeichnet, brachte der Fernseher Bilder
von fremden Landschaften und Völkern in die Wohnzimmer, die der
normale Bundesbürger niemals hätte besuchen können. Durch den
Kauf und Tausch von Fernsehprogrammen zwischen den Staaten
Europas bzw. mit den USA lernten die Bundesbürger auch die Normen und Werte dieser Staaten und Gesellschaften kennen. So sehr
die ›Eurovision‹ die Bürger Europas hinter dem Fernseher versammelte und zur Völkerverständigung beitragen sollte, so sehr sorgten
amerikanische Spielfilme und Fernsehen für eine ›Amerikanisie-
rung‹ europäischer Fernsehbilder.

In vielerlei Hinsicht sind die 1960er-Jahre durch eine langsame
Hinwendung der Massenmedien zu leichter Unterhaltung geprägt.
Der hochkulturelle Anspruch nahm ebenso wie der Erziehungsan-
spruch, der seitens der Massenmedien zuvor gestellt wurde, partiell an Bedeutung ab. Stattdessen wurden Unterhaltungsshows,
Sport und Serien gesendet, die zunehmend auch die Alltagskommu-
nikation prägten. Insbesondere die großen Samstagabendshows
wie ›Einer wird gewinnen‹ oder andere Unterhaltungsformate wie
die ›Rudi Carell Show‹ wurden zu Publikumsmagneten und Ge-
sprächsstoff im Alltag.

Ein anderer Aspekt des massenmedialen Wandels war die Entstehung einer kritischen Öffentlichkeit in den 1960er-Jahren. Die
Spiegel-Affäre im Oktober 1962 war ein erster Höhepunkt, als meh-

Die große Samstagabendshow als deutsches Gemeinschaftserlebnis:
Hans-Joachim Kulenkampf in seiner Show ›Einer wird gewinnen‹, 1979

rere Spiegel-Redakteure die Politik von Verteidigungsminister Strauß kritisierten und ihr jegliche abschreckende Wirkung absprach, woraufhin Strafanzeige wegen Landesverrat gestellt wurde. Die Affäre zog weite Kreise, weil an ihr exemplarisch durchdekliniert wurde, wo die Grenzen der Pressefreiheit lagen. Mehrere Spiegel-Redakteure, unter ihnen Rudolf Augstein, kamen in Untersuchungshaft. Sogar gegen den Hamburger Bürgermeister, Helmut Schmidt, wurde wegen Landesverrat ermittelt. Die Affäre weitete sich zur Regierungskrise aus, die zwei Staatssekretäre und Verteidigungsminister Strauß zum Rücktritt zwang. Am Ende stand ein Sieg der Pressefreiheit, der die kritische Öffentlichkeit in der Bundesrepublik massiv stärkte, ohne die staatlichen Stellen politisch zu sehr zu beschädigen. Generell kam in dieser Zeit in Presse, Hörfunk und Fernsehen eine neue Generation in verantwortliche Positionen, die sich vom Konsensjournalismus der frühen Bundesrepublik verabschiedete. Die 1960er-Jahre sahen einen Aufbruch in eine neue Art der Zeitkritik. Fortan machten die Medien in vielen Fällen gesellschaftliche Phänomene wie die Studentenproteste durch ihre Thematisierung erst zu einem großen gesellschaftlichen Massenthema. Selbst kleinere Demonstrationen und Proteste konnten medial vermittelt schnell ein Millionenpublikum erreichen, was im Fernsehen umso attraktiver war, als die Bilder Nähe zu oder gar Teilhabe an den Ereignissen suggerierten.

VI. DDR

Die Entwicklung der DDR hatte in den 1950er-Jahren einen starken Einfluss auf diejenige der Bundesrepublik, weil die Interdependenzen beider Staaten, Gesellschaften und Wirtschaften noch stark ausgeprägt waren. Mit dem Mauerbau im August 1961 erfolgte eine radikale Zäsur, mit der die wechselseitige Beeinflussung beider deutscher Staaten rapide zurückging. Zwar verblieb die Bundesrepublik immer die Vergleichsfolie der DDR, für die Gestaltung der staatlichen, wirtschaftlichen oder gesellschaftlichen Verhältnisse in der Bundesrepublik hingegen spielte die DDR eine immer geringere Rolle.

Tabelle 3
Zuwanderer aus der DDR in die Bundesrepublik:
Zahl der Anträge im Notaufnahmeverfahren

1949	129.245
1950	197.788
1951	165.648
1952	182.393
1953	331.390
1954	184.198
1955	252.870
1956	279.189
1957	261.622
1958	204.092
1959	143.917
1960	199.188
1961	207.026
Gesamt	2.738.555

Quelle: Helge Heidemeyer, Flucht und Zuwanderung aus der
SBZ/DDR 1945/49–1961, Düsseldorf 1994, S. 45

In den frühen 1950er-Jahren bestand eines der Kernprobleme der
DDR in ihren wirtschaftlichen Voraussetzungen, die sie insbesondere gegenüber der Bundesrepublik massiv benachteiligten. Die DDR-
Wirtschaft litt in den ersten Nachkriegsjahren unter den Folgen der
Demontagen, der hohen Besatzungskosten der Sowjetunion, der massenhaften Abwanderung qualifizierter Arbeitskräfte und nicht zuletzt
unter dem Verlust von traditionellen Absatzmärkten im Westen Europas und Deutschlands. Im Juli 1952, als die Wirtschaft der Bundesrepublik sich erkennbar in der Erfolgsspur befand und die strukturellen Weichen gestellt waren, fällte die SED-Regierung den Beschluss
zum ›Aufbau des Sozialismus‹. Dieser sah eine beschleunigte Entwicklung der Schwerindustrie ohne konsequente Berücksichtigung
anderer Industriebereiche vor, worunter v. a. die Konsumgüterindustrie litt. Zudem wurden Industrien ohne hinreichende Rohstoffbasis

hochgezogen, sodass diese international nicht konkurrenzfähig produzieren konnten. Flankiert wurde die Industrieoffensive von einer breiten Palette unterschiedlicher Maßnahmen zum Umbau des Staats- und Gesellschaftssystems, die eine Restrukturierung der Länder, eine Umformung des Bildungswesens und Alternativangebote zur Kirche wie die Freie Deutsche Jugend (FDJ) umfasste.

Die Bevölkerung der DDR empfand die eingeleiteten Maßnahmen als politische Unterdrückung und beklagte die eintretende Verschlechterung der Lebensbedingungen, was sich dann in dramatisch steigenden Flüchtlingszahlen im Frühjahr 1953 ausdrückte, als die DDR nochmals von einer Ernährungskrise heimgesucht wurde, während in der Bundesrepublik die Wirtschaft immer mehr auf Hochtouren lief. Die SED suchte daraufhin erst recht die Flucht nach vorne und hoffte, die wirtschaftlichen Probleme durch eine zehnprozentige Erhöhung der Arbeitsnormen in der Industrie ausgleichen zu können. Entgegen der anvisierten Wirkung provozierte die Normerhöhung aber nur weiteren Widerstand in der Bevölkerung und ließ diesmal nicht nur die Fluchtzahlen erneut ansteigen, sondern entlud sich auch in einem direkten Aufstand der Arbeiterschaft am 17. Juni 1953, in dessen Kontext freie Wahlen, die Wiedervereinigung und ein Ende der SED-Regentschaft gefordert wurden. In nicht weniger als 373 Orten der DDR kam es zu Demonstrationen, was einem flächendeckenden Misstrauensvotum gegen das Regime gleichkam. Als sich die Machtmittel der SED für unzureichend erwiesen, um die Situation wieder unter Kontrolle zu bringen, schlugen sowjetische Panzer den Aufstand schließlich nieder. 60 bis 80 DDR-Bürger ließen ihr Leben, weitere 19 wurden zum Tode verurteilt sowie etwa 1.500 Personen gerichtlich zu teils sehr harten Strafen verurteilt. Die sozialistische Staatsführung hatte damit erstmals gezeigt, dass sie zu allem bereit war, um an der Macht zu bleiben und den Aufbau des Sozialismus notfalls auch mit Waffengewalt durchzusetzen bereit war.

Im Inneren wie Äußeren hatten der Aufstand und seine Niederschlagung vielfältige Folgen. Wenngleich die SED sich bemühte, den Aufstand schon am 18. Juni als Ergebnis einer faschistischen Provokation von außen darzustellen, war ihr eigenes Ansehen zerstört. In der DDR wurden zwar auf sowjetischen Druck die politischen Maß-

17. Juni 1953: Das Columbus-Haus am Potsdamer Platz brennt.

nahmen der frühen 1950er-Jahre nachjustiert. Der Unmut der Bevölkerung wuchs jedoch und die Fluchtwelle setzte sich unvermindert
fort. Gleichzeitig hinterließ der Aufstand vom 17. Juni 1953 bei der
SED ein bleibendes Trauma der eigenen Machtlosigkeit. Schon bald
erfolgte ein radikaler Ausbau des Überwachungssystems rund um
die Staatssicherheit. In der Bundesrepublik wiederum wurde der
17. Juni gar zum Nationalfeiertag erhoben und verstärkte das ohnehin negative Gesamtbild der bundesrepublikanischen Bevölkerung
von der DDR nachhaltig. Für die junge Bundesrepublik war dieser
Tag ein Statement für den Kampf für Freiheit und Demokratie. Er
war ebenso ein Bekenntnis zur Westbindung der Bundesrepublik.
    Nachdem 1955 die Zweistaatenlösung von der Sowjetunion prak-
tisch anerkannt war und die DDR durch die Sowjetunion 1956 ihre
›Souveränität‹ zugesprochen bekam, bedeutete dies auch für die Regierung der DDR eine Art Bestandsgarantie, auf deren Basis sie den
sozialistischen Staat im Osten Deutschlands konsolidieren konnte.
Zunächst wurde 1956 die Nationale Volksarmee (NVA) gegründet und
die ohnehin einsetzende Militarisierung der Gesellschaft, etwa durch
Wehrerziehung in den Schulen, weiter verstärkt. Im Juli 1958 sollte
ein neuer Anlauf zum ›Aufbau des Sozialismus‹ folgen, bei dem die
Parole ausgegeben wurde, die Bundesrepublik wirtschaftlich ein-
und überzuholen. Neben einer umfassenden Bildungsreform, die auf
einen höheren Unterrichtsanteil der Fächer Naturwissenschaften,
Technik, Mathematik und Wirtschaft abzielte, erfolgte eine Intensi-
vierung der Zwangskollektivierung der Landwirtschaft, mit der die private Bauern endgültig aus dem Wirtschaftssystem gedrängt werden
sollten. Alleine 1960 wurden ca. 9000 neue Landwirtschaftliche Pro-
duktionsgemeinschaften (LPG) geschaffen, in denen Bauernhöfe kol-
lektiviert wurden. Im Bereich der politischen Symbolik wurde neben
die bereits existierende eigene Nationalhymne eine eigene National-
flagge gestellt, mit der der Anspruch auf Eigenständigkeit gegenüber
dem Rest der Welt untermauert werden konnte.
    Mit dem Ziel, die Bundesrepublik wirtschaftlich einzuholen, hat-
te die DDR-Führung aber ein utopisches Vorhaben propagiert. Wenngleich es in der zweiten Hälfte der 1950er-Jahre gelang, die Wirtschaftsleistung und damit auch die Kaufkraft und den Konsum lang-

Walter Ulbricht | 1893–1973

Konstrukteur der DDR

Walter Ulbricht stellte die politischen und gesellschaftlichen Weichen auf dem Weg in die DDR. Er kam noch vor dem Kriegsende aus dem schwedischen Exil zurück nach Deutschland, um die KPD zu gründen, die er 1946 in der Sowjetischen Besatzungszone mit der SPD zur SED zwangsvereinigte. In der SED stieg er schnell zum Generalsekretär (ab 1953 Erster Sekretär des Zentralkomitees) auf und bestimmte die Geschicke des Landes. Ulbricht errichtet in der DDR eine Gesellschaft nach sowjetischem Vorbild, setzte die Nationale Volksarmee (NVA) ein und gründete das Ministerium für Staatssicherheit (Stasi). Der nicht zu negierenden Fluchtbewegung aus der DDR setzte er 1961 den Bau der Mauer entgegen. Für die DDR begann damit vorübergehend eine Phase der inneren Konsolidierung.

sam zu steigern, lag die Produktivität doch bei maximal einem Drittel derjenigen der Bundesrepublik, deren Wirtschaft weiterhin schneller wuchs. Insofern entfaltete auch die wirtschaftliche Überlegenheit der Bundesrepublik eine Sogwirkung und befeuerte die Fluchtzahlen. Als dann 1960 die Welle der landwirtschaftlichen Zwangskollektivierung die DDR erfasste, stiegen die Fluchtzahlen in die Bundesrepublik erneut an, auf 200.000 Menschen pro Jahr. Das Nadelöhr der Flucht war Berlin, weil hier der Gegensatz zwischen Ost und West am sichtbarsten und die Fluchtmöglichkeiten am einfachsten und vielfältigsten waren. Deshalb war es auch Berlin, wo die DDR-Regierung am 13. August 1961 damit begann, den Abfluss von Menschen und Humankapital zu stoppen. Die SED-Führung unter ihrem Ersten Sekretär des Zentralkomitees, Walter Ulbricht, sah keinen anderen Ausweg, als eine Mauer zu errichten und diese anschließend immer mehr zu einer unüberwindbaren Barriere auszubauen. Dies war für die DDR-Wirtschaft umso notwendiger, als die Flüchtlinge zumeist unter 25 Jahre alt waren, womit genau jene jüngere und gut ausgebildete Arbeiterschaft abwanderte, die für den ›Aufbau des Sozialismus‹ eigentlich dringend benötigt wurde. Bis zum Bau der Mauer hatten 3,1 Millionen Menschen der DDR den Rücken gekehrt. Nicht vergessen werden darf dabei, dass bis zum Mauerbau die Flucht auch ein Ventil für die vielen Frustrierten war, die ihren Unmut über die sozioökonomischen Zustände nicht in der DDR ausließen.

Für die DDR und die Bundesrepublik bedeutete der Mauerbau in sehr unterschiedlicher Hinsicht eine Zäsur. Für die Bundesrepublik brach mit dem Mauerbau die Zuflucht an Arbeitskräften ab, wodurch die Unternehmen gezwungen waren, den Arbeitskräftebedarf durch Gastarbeiter und bessere Ausbildung zu kompensieren. Die direkten Interdependenzen zwischen der DDR und der Bundesrepublik nahmen durch den Mauerbau rapide ab. Insbesondere aber war der Mauerbau ein moralischer Sieg, stellte er doch aus der Perspektive der Bundesrepublik eine Bankrotterklärung der DDR und des ostdeutschen Sozialismus dar. Für die DDR wiederum setzte mit dem Mauerbau eine Phase der inneren Konsolidierung ein, in der sie zunehmend eigene Wege ging. So verabschiedete die DDR 1968 eine neue Verfassung, zuvor hatte bereits ein neues Strafgesetzbuch Gül-

tigkeit erlangt und auch die allgemeine Wehrpflicht wurde nun eingeführt. Insbesondere mit der Wehrpflicht wagte sich die DDR-Führung nun im nach außen abgeschotteten Zustand einen Schritt zu
tätigen, den sie sich noch 1956 bei der Gründung der Nationalen
Volksarmee (NVA) nicht getraut hatte. Der moralischen und wirtschaftlichen Niederlage im Wettstreit mit der Bundesrepublik zum
Trotz gelang es in den 1960er-Jahren eine deutlich verbesserte Versorgung der Bevölkerung mit Konsumgütern wie PKWs, Kühlschrän-
ken oder Waschmaschinen zu erreichen, u. a. durch eine intensivere Zusammenarbeit zwischen den Staaten des Ostblocks. Ebenso begann die Bekämpfung der Wohnraumnot in der DDR, indem der
Einstieg in die Ära der Plattenbauten erfolgte. Alleine in den 1960er-
Jahren wurden so 570.000 neue Wohneinheiten geschaffen.

VII. Fazit

Das Wirtschaftswunder, die feste Einbindung in die westliche Welt
und die sich herausbildenden europäischen Gemeinschaften waren
Grundlagen der Entwicklung der Bundesrepublik in den 1950er- und
1960er-Jahren. Damit begab sich die Bundesrepublik langfristig auf
einen institutionellen Entwicklungspfad hin zu einem föderalen europäischen Verbund und in eine demokratisch-kapitalistische Wertewelt, in der Individualität und individuelle Lebensentwürfe eine
wichtige Rolle spielten. Die wirtschaftliche Prosperität ermöglichte
die Lösung sozialer Notlagen, die Integration der Masse der Vertriebenen in die Gesellschaft und sie half ein Wohlstandsniveau und einen Massenkonsum zu erreichen, der die Erinnerungen an die
NS-Zeit verblassen ließ. Die wirtschaftliche Prosperität ebnete so
viele potentielle Startschwierigkeiten der Bundesrepublik ein. Die
DDR wirkte dabei als Negativfolie und insbesondere nach dem Aufstand vom 17. Juni 1953 zweifelte kaum jemand an der Richtigkeit der
Westbindung und an der politischen, wirtschaftlichen und moralischen Überlegenheit der Bundesrepublik im innerdeutschen Wettstreit. Für die Entwicklung der Bundesrepublik spielte die DDR nach
dem Mauerbau von 1961 eine immer unbedeutendere Rolle.

KAPITEL 4
1966/69–1982/85:
NEUE FUNKTIONSBEDINGUNGEN
BUNDESREPUBLIKANISCHER STAATLICHKEIT

I. Einleitung

Die 1970er-Jahre stellen einen Strukturbruch in der Entwicklung der Bundesrepublik und der gesamten westlichen Welt dar. Die Funktionsbedingungen der bundesrepublikanischen Staatlichkeit wandelten sich grundlegend. Die lange Phase des stabilen wirtschaftlichen Wachstums und der politischen Konsolidierung, die die ersten beiden Jahrzehnte der Bundesrepublik geprägt hatten, war endgültig vorbei. Ursächlich waren zum einen ein Wandel internationaler Märkte, der auf die nationalen Wirtschaftsstrukturen rückwirkte und auch die Frage europäischer Verantwortung – insbesondere der starken Volkswirtschaft der Bundesrepublik – für den eigenen und den weltweiten Wohlstand neu stellte. Zum anderen veränderten sich gesellschaftspolitische Normen und Wertewelten, die die Frage nach neuen Formen der Beteiligung an staatlicher Entscheidung(-sfindung) aufwarf.

Gleichzeitig stellt die Phase zwischen 1966 und 1982 eine der letzten Hochphasen des klassischen Nationalstaats europäischer Prägung dar. Die nach dem Zweiten Weltkrieg wirtschaftlich erholten und politisch gefestigten Nationalstaaten versuchten die innen- wie außenpolitische Selbstbestimmung teilweise wiederherzustellen, diese bereits an die EGKS und die EWG abgegeben hatten. Die Europäische Integration und damit der Prozess der Einbettung nationaler Staatlichkeit in ein europäisches Föderalmodell geriet in den späten 1960er-Jahren merklich ins Stocken. Für die Bewertung dieser Vorgänge spielt es keine Rolle, ob man hier eher einen temporären Abbruch oder eine Phase der Entschleunigung europäischer Integration diagnostizieren möchte. Entscheidend ist vielmehr, dass die europäischen Föderalstrukturen sich nicht merklich erweiterten und die nationalen Regierungen mit dem Europäischen Rat sogar ein Gremium einsetzten, welches (langfristig betrachtet) die Leitfunktion der Transformation europäischer Staatlichkeit eindeutig in die Hände der nationalen Regierungen legte. Die letzte Hochphase des Nationalstaats ging schließlich mit einer innenpolitischen Konsolidierung einher, die auch durch einen massiven Ausbau der Sozialsysteme erkauft wurde, die sich die Bundesrepublik angesichts der Strukturkrisen der 1970er-Jahre eigentlich nicht mehr leisten konnte. Dass die Welt sich um Deutschland und Europa herum veränderte und Entwicklungen wie die Dekolonialisierung oder die offenen Weltmärkte die europäischen Staaten eigentlich zu stärkerer Zusammenarbeit hätte zwingen müssen, zeigte (noch) keine spürbaren Auswirkungen. Im Gegenteil, zentrale europäische Gemeinschaftsprojekte scheiterten vorerst noch.

II. Politischer Wandel

Die Bundesrepublik war als Staat in der zweiten Hälfte der 1960er- und der ersten Hälfte der 1970er-Jahre endgültig von der Bevölkerung anerkannt und akzeptiert worden. Die Zufriedenheit mit dem System nahm spürbar zu, gleichzeitig liberalisierte sich die Bevölkerung und internalisierte die demokratischen Spielregeln dahingehend, dass individuelle Mitsprache an politischer Entscheidung(-sfindung) expliziter eingefordert wurde.

Ein wichtiges politisches Übergangsphänomen war die Große Koalition aus CDU und SPD der Jahre 1966 bis 1969, die ins Amt gekommen war, nachdem die Koalition aus CDU und FDP an einer Haushaltskrise (1966) und unterschiedlichen Positionen im Umgang mit den außenpolitischen Entwicklungen wie der französischen Europa-

Herbert Wehner | 1906–1990

Vordenker der SPD

Herbert Wehner stand als maßgeblicher Vordenker hinter der programmatischen Neuausrichtung der SPD im Godesberger Programm von 1959. Die Partei verstand sich fortan als Volkspartei und nicht mehr als eine sozialistische Arbeiterpartei, womit sie sich an eine gewandelte Gesellschaft in der Bundesrepublik anpasste. Gleichzeitig zwang Wehner der Partei in den 1950er-Jahren eine Neuausrichtung der Außenpolitik hin zur westeuropäischen Einigung und einer militärischen Verankerung im Nordatlantikpakt auf. Aufgrund seiner breiten Autorität, die er sich durch seine außenpolitische Kompetenz erworben hatte, wurde Wehner in der sozialliberalen Koalition Fraktionsvorsitzender der SPD und schwor die Partei wie kein Zweiter auf die jeweilige Regierungslinie ein.

Willy Brandt | 1913–1992

Gestalter der Neuen Ostpolitik

SPD
Amtszeit: 21. Oktober 1969 – 7. Mai 1974

Biografisches:
- Geboren am 18. Dezember 1913 in Lübeck als Herbert E.K. Frahm.
- 1930 Eintritt in die SPD.
- 1931 Austritt aus der SPD, Eintritt in die Sozialistische Arbeiterpartei (SAPD).
- 1934 Beginn des Widerstands, Auswanderung über Dänemark nach Norwegen, dort journalistische und Untergrundarbeit.
- 1940 kurzzeitige Verhaftung in Oslo, dann Flucht nach Schweden.
- 1945 Rückkehr nach Deutschland, Korrespondent für die Nürnberger Prozesse.
- 1949–92 Abgeordneter für Berlin im Bundestag.
- 1957–66 Regierender Bürgermeister von Berlin.
- 1957–58 Bundesratspräsident.
- 1964–87 Bundesvorsitzender der SPD.
- 1966–69 Bundesaußenminister im Kabinett Kiesinger.
- Gestorben am 8. Oktober 1992 in Unkel.

Wahlslogans:
- 1969: »Mehr Demokratie wagen.«
- 1972: »Deutsche: Wir können stolz sein auf unser Land.«

politik oder dem Vietnamkrieg gescheitert war. In der Amtszeit der
Großen Koalition prallten dann verschiedene Generationen und verschiedene politische Konzepte in Regierung, Parlament und außerparlamentarischen Gruppen aufeinander und beschleunigten die
kontroverse Diskussion über die zukünftigen Entwicklungslinien
bundesrepublikanischer Politik, Wirtschaft und Gesellschaft. Schlüs-
selministerien wie Wirtschaft und Äußeres, die seit Beginn der Bundesrepublik treibende Kräfte gewesen waren, lagen nun in der Hand
der SPD, die zwar mit neuen Konzepten operieren wollte, diese letztlich aber nur in Übereinstimmung mit dem Koalitionspartner CDU re-
alisieren konnte, sodass eine Unzufriedenheit blieb. Erst mit dem
Wechsel zur sozialliberalen Koalition 1969 eröffnete sich erneut die
Möglichkeit, tatsächlich neue politische Konzepte zu implementieren.
    Die SPD kanalisierte seit Mitte der 1960er-Jahre die Hoffnungen
vieler gesellschaftlicher Gruppen auf eine Veränderung der politischen Kultur in der Bundesrepublik und eine Beseitigung eines politischen Establishments, dessen Wurzeln im Nationalsozialismus
nach wie vor nicht zu leugnen waren. Doch statt politische Unruhen
zu erzeugen, die etwa in Frankreich Präsident de Gaulle im April
1969 zum Rücktritt zwangen, mündeten die Veränderungen politischer und gesellschaftlicher Norm- und Wertevorstellungen in der
Bundesrepublik lediglich in einem geordneten politischen Richtungswechsel. Der Slogan Willy Brandts ›mehr Demokratie zu wagen‹ traf zwar die Vorstellungen weiter Bevölkerungsteile. Dennoch
blieb die CDU bei der Bundestagswahl im September 1969 mit 46,1 %
die stärkste Kraft noch vor der SPD mit 42,7 %.
    Waren die Hoffnungen der SPD-Wähler grundsätzlich auf einen
innenpolitischen Wandel ausgerichtet, so bestand der sichtbarste
Erfolg der Politik von Willy Brandt darin, ein zuvor innenpolitisches
Thema zu einem außenpolitischen zu machen. Indem die Ostverträge der frühen 1970er-Jahre die DDR ›de facto‹ anerkannten, veränderte Brandt die Funktionsbedingungen bundesrepublikanischer
Staatlichkeit. Bezugsrahmen sollte fortan das Gebiet der Bundesrepublik in den Grenzen von 1956 sein.
    Eine neue politische Kultur entwickelte sich derweil vornehm-
lich außerhalb des politischen Systems durch Neue Soziale Bewe-

gungen, die politische (Mit-)Gestaltung jenseits der formalen Kanäle suchten. Der erfolgreiche Abschluss der Ostverträge stellte dann auch den Höhepunkt der Karriere von Bundeskanzler Willy Brandt dar. Brandt trat zwar erfolgreich zur Bundestagswahl 1972 an, stolperte dann aber über eine Affäre, als herauskam, dass mit Günter Guillaume einer der engsten Berater des Kanzlers ein Spion der DDR war. Er trat am 24. April 1974 zurück. Für die DDR war dieser Vorfall keinesfalls ein Erfolg, nahm doch fünf Tage nach der Eröffnung der Ständigen Vertretung der Bundesrepublik in der DDR genau jener Kanzler seinen Hut, der wie kein anderer die faktische Anerkennung der DDR vorangetrieben hatte.

Brandts Nachfolger Helmut Schmidt stand vor der schwierigen Aufgabe, die (welt-)wirtschaftlichen Probleme der Bundesrepublik bei einer gleichzeitig nachlassenden Euphorie für den neuen politischen Kurs meistern zu müssen. Hatte Brandt die ›Neue Ostpolitik‹ noch in wirtschaftlich ruhigen Zeiten vorantreiben können, so musste Schmidt erstmals in der Geschichte der Bundesrepublik eine strukturelle wirtschaftliche Krise meistern, deren Auswirkungen ihn letztlich 1982 seine Regierungsmehrheit kostete.

Zu einer der symbolisch bedeutsamen Herausforderungen für die Bundesrepublik, ihr politisches Selbstverständnis und die Wehrhaftigkeit des Staates wurden in der Regierungszeit von Helmut Schmidt die Terroraktionen der Roten Armee Fraktion (RAF), die über viele Jahre wiederholt den Staat zu Reaktionen nötigte. Angefangen mit dem Brandanschlag auf zwei Frankfurter Kaufhäuser im April 1968 durch Andreas Baader und Gudrun Ensslin über die Anschläge auf US-Streitkräfte in Deutschland oder den Ermittlungsrichter Buddenberg bis hin zur Offensive 77, in deren Rahmen sowohl Generalbundesanwalt Siegfried Buback als auch Arbeitgeberpräsident Hanns Martin Schleyer ermordet wurden, überschattete eine wiederkehrende Anschlagswelle die Bundesrepublik. Wenngleich die RAF trotz medialer Aufmerksamkeit niemals eine Bedrohung der gesellschaftlich-politischen Ordnung darstellte, führte die Debatte über den angemessenen Umgang mit ihr doch zu einer spürbaren Veränderung der politischen Kultur, in deren Zuge die Anti-Terror-Gesetzgebung ausgebaut und bürgerliche Freiheitsrechte

Helmut Schmidt | 1918-2015

Kanzler zwischen Wirtschaftskrise und Terrorismus

SPD
Amtszeit: 16. Mai 1974 – 1. Oktober 1982

Biografisches:
- Geboren am 23. Dezember 1918 in Hamburg-Barmbek.
- 1942–44 Referent für Ausbildungsvorschriften der leichten Flak-artillerie im Reichsluftfahrtministerium in Berlin.
- 1947/48 Vorsitzender des Sozialistischen Deutschen Studenten-bundes in der Britischen Besatzungszone.
- 1952–53 Leiter des Amts für Verkehr in der Behörde für Wirtschaft und Verkehr Hamburg.
- 1953–62 Abgeordneter für Hamburg im Bundestag.
- 1961–65 Innensenator in Hamburg.
- 1965–87 Abgeordneter für Hamburg im Bundestag.
- 1967–69 Fraktionsvorsitzender der SPD.
- 1969 wird er Bundesverteidigungsminister.
- 1972 wird er Finanz- und Wirtschaftsminister, nach der Wahl nur Finanzminister.
- Gestorben am 10. November 2015 in Hamburg-Langenhorn.

Wahlslogans:
- 1976: »Den Nutzen unseres Volkes mehren, Schaden von ihm wenden und für Freiheit und Gerechtigkeit sorgen. Dafür arbei-ten wir weiter.«
- 1980: »Sicherheit für Deutschland«

eingeschränkt wurden. Insbesondere die Rasterfahndung als ein frühes Verfahren der massenhaften Datenverarbeitung zu Fahndungszwecken sollte sich als richtungsweisend für die Diskussion darüber erweisen, wie stark der Staat die privaten Freiheitsrechte für seine Vorstellung von kollektiver Sicherheit einschränken durfte. Der bundesrepublikanische Staat jedenfalls setzte im Umgang mit der RAF klare Zeichen, dass er sich nicht durch Terroristen einschüchtern oder erpressen ließ.

Den Kampf gegen die Wirtschaftskrisen und den Terrorismus der 1970er-Jahre nahmen die Staaten Europas in erster Linie alleine auf und wandten sich damit vom Prinzip der Zusammenarbeit im europäischen Föderalmodell ab. Generell sollte sich die Schwächung der EG und ihrer Transformation in ein europäisches Föderalsystem als Kehrseite der Medaille der Stärkung der europäischen Nationalstaaten erweisen. Zwar ging nach den Schwierigkeiten der 1960er-Jahre vom Gipfel von Den Haag im Dezember 1969, dem die beiden neuen Hoffnungsträgern Willy Brandt und Georges Pompidou ihren Stempel aufdrückten, eine neue Dynamik in den Bereichen der Wirtschafts- und Währungsunion und der politischen Zusammenarbeit aus. Dennoch konnte keines der anvisierten Projekte in den politischen wie wirtschaftlichen Wirren der 1970er-Jahre tatsächlich realisiert werden. Im Gegenteil, durch die Treffen der Staats- und Regierungschefs nahmen die nationalen Regierungen wieder mehr Einfluss auf die Geschicke der Europäischen Gemeinschaft. Der Europäische Rat, wie das Gremium der Staats- und Regierungschefs zukünftig heißen sollte, wurde fortan zum Motor der Transformationen von Europäischer Gemeinschaft und Europäischer Union, wodurch die Hoffnung vieler europäischer Föderalisten, dass die EG-Kommission sich langfristig zu einer europäischen Regierung entwickeln würde, nachhaltig zerstört wurden. Der Europäische Rat stieß fortan die Maßnahmen an, welche die bundesrepublikanische Staatlichkeit am nachhaltigsten verändern sollten.

Nichtsdestotrotz waren erstmals Themen auf die Tagesordnung gesetzt worden, die für die Entwicklung europäischer Föderalstrukturen und der Einbettung der Bundesrepublik in diese, langfristig eine enorme Bedeutung entfalteten, v. a. die Wirtschafts- und Wäh-

rungsunion. Auch die Einführung der Direktwahl zum Europäischen
Parlament im Jahr 1979, bei der die Gemeinschaft erstmals den Anspruch direkter Legitimation durch die europäische Bevölkerung erhob, blieb langfristig nicht unbedeutend. Immerhin sollten damit demokratische Wahlen in der Bundesrepublik für ein politisches Gremium durchgeführt werden, welches das Grundgesetz nicht kannte.

III. Wirtschaftliche Herausforderungen

Das ungebremste Wachstum im Zuge des Wirtschaftswunders wurde spätestens mit der Ölkrise von 1973/74 beendet. Eigentlich deu-
tete schon die kleine Rezession von 1966 eine Trendwende an, aber
in kollektivpsychologischer Hinsicht wurde diese nicht als solche
wahrgenommen, sodass der Glaube an langfristiges Wachstum erhalten blieb. Die Ölkrise, die eigentlich eine Ölpreiskrise war, erwies
sich ein Stück weit auch als willkommenes Phänomen, konnte sie
doch als Sündenbock für eine Strukturkrise der Wirtschaft dienen,
deren Ursachen in der sehr einseitig auf die Stahlindustrie fokus-
sierten Wirtschaftsstruktur der Bundesrepublik verankert waren.
Ausschlaggebend waren aber vielmehr Entwicklungen auf den Weltmärkten, die die Wirtschaft der Bundesrepublik von ihrem exponentiellen Entwicklungspfad der 1950er- und 1960er-Jahre abbrachte.
Es kam zu sinkenden Wachstums- und Wirtschaftszahlen, die sich
an wenigen Indikatoren verdeutlichen lassen. So betrug das Wirtschaftswachstum im jährlichen Durchschnitt von 1949 bis 1974 mehr
als 4 %, danach sank es auf weniger als 2 % ab. Seit den 1970ern gab
es in der Bundesrepublik eine Sockelarbeitslosigkeit von ca. 5 %, die
nie mehr abgebaut werden konnte. Letztlich bremste sich auch der
Anstieg des Nettoarbeitslohns von ca. 33 % in den Jahren 1966–1974
auf nur noch 13 % in der Zeit von 1975 bis 1989 ab.
    Außenwirtschaftlich sorgten Impulse und Veränderungen auf
den Weltmärkten, die sich in einer sinkenden Nachfrage nach deutschen Produkten bei gleichzeitig steigenden Energiekosten aus-
drückten, für einen enormen Anpassungsdruck. So sorgte die Liberalisierung der Weltmärkte seit dem Ende des Zweiten Weltkriegs

für einen steigenden Konkurrenzdruck auf den Weltmärkten. Es begann eine Phase der Globalisierung, in der die weltwirtschaftlichen
Interdependenzen größer wurden. Neue Konkurrenten insbesondere aus dem asiatischen Raum produzierten in den traditionellen
deutschen Industriebereichen Kohle und Stahl bei einfach herzustel-
lenden Massenprodukten deutlich günstiger. Der Ölpreisschock
1973/74 brachte dann in dieser sich wandelnden Marktsituation eine Vervierfachung des Ölpreises binnen weniger Wochen, die sich
massiv auf die energieabhängigen Industriewirtschaften Westeuro-
pas auswirkte. Nicht nur in der Bundesrepublik baute sich ein enor-
mer Rationalisierungsdruck in der Industrie auf und beschleunigte
den Strukturwandel, der schon in den 1960er-Jahren eingesetzt hatte. Die Veröffentlichung einer Prognose des Club of Rome von 1972,
die den bezeichnenden Titel ›Die Grenzen des Wachstums‹ trug,
zeichnete ein düsteres Entwicklungspotential und trübte die Stim-
mung zusätzlich ein.

In der Industrie, die zwischen 1966 und 1979 ca. 1,8 Millionen Stellen abbaute, führte eine Kombination aus steigender Arbeitsproduk-
tivität (Mechanisierung, Computerisierung etc.) und stagnierender
Nachfrage zu einer sinkende Beschäftigtenzahl. Es erfolgte eine Verlagerung der Arbeit in den tertiären Sektor der Wirtschaft, gleichzeitig war der Arbeitsmarkt seit 1973 nicht mehr in der Lage, alle
freigesetzten Arbeiter aufzunehmen. 1975 überstieg erstmals die
Zahl der Beschäftigten im Dienstleistungssektor diejenige in der Industrie. Es entstanden neue Qualifikationsprofile im tertiären Sektor, sodass Schwierigkeiten aufkamen, ehemalige Industriearbeiter
in neue Tätigkeiten überzuleiten. Gleichzeitig kam es in den 1970er-
Jahren zu einem starken Anstieg des Erwerbspersonenpotentials,
weil nun die Babyboomer im Erwerbsalter ankamen.

Dieser auch als ›Strukturbruch der Industriemoderne‹ bezeichnete Wandel war aber nicht nur wirtschafts- und sozialgeschichtlich
eine Zäsur, sondern eben auch mentalitätsgeschichtlich. Dies erwies
sich als besonders konfliktreich, weil Mentalitäten sich nur langsam – oftmals generationsübergreifend – verändern und aus dem
›Kumpel‹ im Ruhrgebiet nicht binnen weniger Jahre ein glühender
Verfechter von Dienstleistungstätigkeiten werden konnte. Für die

Wegen der Ölkrise wurde am 2. Dezember 1973 zum zweiten Mal ein sonntägliches
Fahrverbot verhängt. Blick auf das leere Autobahnkreuz Duisburg-Kaiserberg

kollektive Identität in Wandlungsregionen wie dem Ruhrgebiet wurde die tägliche Konfrontation mit Industriebrachen ein einschneidendes Ereignis. Galten Hochöfen und rauchende Schlote noch in den 1950er-Jahren als Symbole von Prosperität und Fortschritt, so wurden sie in den 1970er-Jahren zunehmend zum Symbol eines Niedergangs, der in den klassischen Industriestandorten im Ruhrgebiet oder im Saarland immer mehr Menschen in die Arbeitslosigkeit und eine ungewisse Zukunft entließ. Da sich der wirtschaftliche Strukturwandel regional sehr unterschiedlich auswirkte, änderten sich auch die wirtschaftsgeografischen Koordinaten der Bundesrepublik dramatisch. Nordrhein-Westfalen wurde vom Wachstumsmotor zum Problemkind. Das Nord-Süd-Gefälle der wirtschaftlichen Leistungsfähigkeit drehte sich komplett um.

Die wirtschaftlichen Krisenphänomene ließen den Staat aber nicht den Gürtel enger schnallen. Im Gegenteil, die Diagnose einer Wirtschaftskrise hatte schon 1966/67 die Bundesregierung die Sozialpolitik wiederentdecken lassen, sodass eine erneute Ausbauphase der Sozialpolitik eingeläutet wurde, die knapp ein Jahrzehnt anhielt. Dies wurde auch dadurch begünstigt, dass die SPD nach 1966 in Regierungsverantwortung kam und der Republik ihren sozialpolitischen Stempel aufdrücken wollte. Ihre Ziele waren die Gleichstellung von Arbeitern und Angestellten sowie ein grundsätzlich höheres Niveau von Sozialleistungen. Hierzu gehörten einerseits die Lohnfortzahlungen im Krankheitsfall auch für Arbeiter (statt nur für Angestellte) sowie ein höheres Niveau an Arbeitsschutzmaßnahmen. Andererseits kamen die Erhöhung des Arbeitslosengelds von 55 % auf 62,5 % und die Rentenreform von 1972 hinzu, welche die Rentenversicherung für Selbständige und Hausfrauen öffnete sowie die flexible Altersgrenze einführte. In den frühen 1970er-Jahren kam es in gewisser Weise zu einer paradoxen Entwicklung, da allen wirtschaftlichen Schwierigkeiten zum Trotz der Sozialstaat einen markanten Ausbau erfuhr.

Die expansive Sozialpolitik änderte das Verhältnis von Staat und Bürger sowie die Vorstellung von Staatlichkeit in der Bundesrepublik nachhaltig. Zum einen wandelte sich der Staat von einem Krisenbekämpfer in individuellen Notsituationen zu einem gene-

Strukturwandel in den 1970er-Jahren: stillgelegte Steinkohle-Zeche

Entwicklung der Staatsverschuldung von Deutschland von 1950–2016 (in Milliarden Euro)

rellen Vor- und Versorgerstaat, der ein hohes Niveau an Sozialleistungen wie selbstverständlich garantierte. Der Staat nahm dem Bürger immer mehr die Verantwortung ab, für sich selbst in Krisensituationen oder im Alter vorzusorgen. Zum anderen griff der Staat damit tief in die individuellen Lebensplanungen seiner Bürger ein und drängte zuvor wichtige Instanzen wie Familie oder Kirche zurück.

Mit seinen immer umfassenderen Aufgaben und Funktionen spielte der Staat auch wirtschaftlich und finanziell eine größere Rolle. Er nahm mehr Geld in die Hand, musste dieses Geld über Steuern und Abgaben generieren und mehr Menschen beschäftigen. Die Staatsquote stieg, was wiederum die Wirtschaftsleistung beeinflusste und dem Staat eine immer zentralere Rolle für die wirtschaftliche Gesamtentwicklung zuwies. Das Budget für sozialpolitische Maßnahmen wuchs zwischen 1969 und 1975 von 25,5 % auf 33,4 % an, gleichzeitig stiegen auch die durchschnittlichen Lohnabgaben von 27 % auf 34 % des Bruttolohns. Die direkten Folge der hohen Staatsquote war eine sinkende Flexibilität des Staates im Umgang mit Kri-

Erich Honecker | 1912–1994

Verteidiger des Sozialismus in der DDR

Erich Honecker wurde 1958 als Mitglied des SED-Parteibüros die Verantwortung für Militär- und Sicherheitsfragen übertragen. Seitdem verteidigte er das Staatswesen der DDR mit allen ihm zur Verfügung stehenden Mitteln. Er war ein maßgeblicher Konstrukteur der Berliner Mauer und des Schießbefehls gegen Republikflüchtlinge. In den 1970er-Jahren ließ der 1971 zum Ersten Sekretär des ZK der SED aufgestiegene Honecker die innerdeutsche Grenze weiter ausbauen und stärkte die Staatssicherheit (Stasi) im Inneren. Kurze Zeit nachdem Erich Honecker Anfang Oktober 1989 den 40. Jahrestag der DDR-Gründung pompös gefeiert hatte, wurde er vom ZK abgesetzt, da er – gesundheitlich von einem Krebsleiden gezeichnet – den bevorstehenden Zusammenbruch der DDR weder kommen sah noch sehen wollte.

sen, weil die staatlichen Einnahmen zu einem großen Teil gebunden waren. Hinzu kam der Einstieg in einen langfristigen Trend der zunehmenden Staatsverschuldung, der bis in die 2010er-Jahre anhielt. Dies alles wog in den frühen 1970er-Jahren umso schwerer, als der wirtschaftliche Strukturwandel erschwert wurde, die hohen Arbeitslosenzahlen die Staatskasse belasteten und Gelder blockierten, die an anderer Stelle produktiv hätten investiert werden können. Während die Budgets für Forschung stagnierten, expandierten die für Soziales. Im Vergleich zu den größten Konkurrenten auf internationalen Märkten, die USA und Japan, stieg die Quote der Sozialleistungen auf ein doppelt so hohes Niveau. Doch nicht nur die politischen Verantwortungsträger verpassten es, die sozialpolitischen Ausgaben an die wirtschaftlichen Veränderungen anzupassen. Auch die Gewerkschaften forderten trotz der deutlichen Krisenanzeichen weiterhin hohe Löhne, die wiederum die ohnehin steigende Inflation weiter anheizten. So setzte etwa die Gewerkschaft Öffentlicher Dienst, Transport und Verkehr (ÖTV) in den Jahren 1975/76 eine Lohnerhöhung von 11 % durch.

Generell schaffte es die SPD-Regierung von Kanzler Schmidt nicht, der Krise mit geeigneten Maßnahmen zu begegnen, u. a. weil man nach wie vor an der Vorstellung festhielt, dass mittels einer gezielten Globalsteuerung (Planbarkeit) die Krise zu lösen sei. Eine Reihe von kurzfristigen und stark auf die Industrie fixierten Maßnahmen und Programmen konnten die Krise nicht abwenden. Im Endeffekt sollte die erfolglose Wirtschaftspolitik der Regierung Schmidt in den Regierungswechsel 1982 münden. Damit war auch die keynesianistische Wirtschaftspolitik gescheitert und es erfolgte auch in der Bundesrepublik ein ordnungspolitischer Richtungswechsel hin zum Neoliberalismus.

In der DDR, deren Wirtschaft sich nach dem Mauerbau energisch von der der Bundesrepublik abschottete, blieb die wirtschaftliche Rückständigkeit gegenüber der Bundesrepublik trotz aller dortigen Krisenphänomene bestehen. Dagegen halfen auch große Wohnungsbauprogramme oder Konsumoffensiven der SED-Führung wenig, die unter dem 1971 ins Amt gekommenen neuen Generalsekretär Erich Honecker sich zunehmend offen zeigte für Dinge wie die ›Blue-

Wohnungsbau der DDR

Wohnungsbau stand in der DDR ganz oben auf der politischen Agenda. Ein Recht auf Wohnraum war sogar fest in der Verfassung verankert, da Wohnen einen wichtigen Bestandteil der politischen und ideologischen Legitimation des Systems darstellte und eine Chance, die gesellschaftlichen Verhältnisse baulich-räumlich umzugestalten bot. Bereits 1949 war deshalb das Institut für Städtebau und Hochbau gegründet worden, 1955 resultierte die erste Baukonferenz der DDR dann in einer Forcierung des Baus von Großwohneinheiten. Kennzeichnend für die DDR und den Sozialismus insgesamt wurde der Plattenbau in der Fläche realisiert. Sogar in kleinen und mittleren Städten entstanden Plattenbau-Siedlungen, während diese etwa in der Bundesrepublik zumeist auf größere Agglomerationsräume beschränkt blieben. Die DDR setzte den Wohnungsbau eben auch als regionale Strukturpolitik ein und versuchte so die proportionale Entwicklung von Regionen zu steuern. Wohnraum entstand gezielt dort, wo Arbeitskräfte für Industriestandorte benötigt wurden.

War die DDR-Führung in den 1950er-Jahren dabei noch durchaus um architektonische Vielfalt bemüht, so stellten die 1960er-Jahre einen Wendepunkt dar. Die wirtschaftlich immer schwierigere Lage zwang zu umfassender Standardisierung und der damit verbundenen Kostensenkung. Das konkrete Resultat war die Wohnbauserie (WBS) 70 als hochstandardisierte Bauart der letzten 20 Jahre der DDR, die alle anderen Formen des industrialisierten Wohnens komplett verdrängte. Die geplanten Wohnsiedlungen reduzierten sich immer stärker auf die Anwendung von Typenprojekten und standardisierten Grundrissen.

Insbesondere nach dem Amtsantritt von Erich Honecker am 3. Juli 1971 wurde Sozialpolitik immer mehr zur Wohnungspolitik. Plattenbausiedlungen unterstrichen das Gleichheitspostulat einer Annäherung der Klassen und Schichten durch ähnlichen und räumlich konzentrierten Wohnraum. Sie dienten dazu, das Idealbild der sozialistischen Kleinfamilie zu fördern, in der weibliche Vollbeschäftigung die Regel sein sollte. Ausreichende Krippenplätze und Schulen gehörten zu den Kernelementen derartiger Siedlungen. Plattenbau wurde als Fortschritt interpretiert und so erhoffte sich die politische Führung, dem Sozialismus zu mehr Akzeptanz zu verhelfen. Von der Propaganda wurde deshalb die neue Bauweise als ein der entwickelten sozialistischen Gesellschaft angepasstes Modell gepriesen.

Die Zahlen des Wohnungsbaus (Großwohnanlagen) in der DDR konnten sich quantitativ durchaus sehen lassen. Entstanden in den 1960er-Jahren ca. 570.000 Wohneinheiten, so stieg deren Zahl in den 1970er-Jahren auf 780.000 und in den 1980er-Jahren gar auf 820.000 Wohneinheiten. Qualitativ ließen die Großraumsiedlungen schnell erhebliche Mängel erkennen. Nach nur wenigen Jahren setzte ein Verfallsprozess der Bausubstanz ein, der dann nach 1990 in der Bundesrepublik einen erheblichen Renovierungsbedarf hervorrief.

Plattenwohnungsbau in der DDR 1970

jeans‹, Modetrends aus dem Westen oder gar den Empfang von Westfernsehen. Die Entwicklung der DDR-Wirtschaft in den 1970er-Jahren sollte sich noch als bedeutsam für die Entwicklung der Bundesrepublik nach 1990 erweisen, weil strukturelle Defizite der eigenen Wirtschaft dort nicht durch hohe Energiepreise offen zutage traten und zu schmerzhaften Anpassungen zwangen. In der DDR überlagerten billige Ölimporte aus der Sowjetunion den Investitionszwang, was sich dann in den 1980ern als strukturelle Katastrophe erweisen sollte. Nicht nur läutete die marode Industrie das Ende der DDR mit ein, sondern sie erwies sich auch als eine enorme Belastung der neuen Bundesländer nach der Wiedervereinigung im Oktober 1990.

IV. Neue Wege und Verantwortungen in der Außenpolitik

In den 1960er-Jahren rückte die Bundesrepublik – auch als Teil der europäischen Staatengemeinschaft – immer mehr in die Position, eine größere außenpolitische Verantwortung übernehmen zu müssen. So musste sich die Bundesrepublik außenwirtschaftlich von den USA emanzipieren, was insbesondere dadurch erfolgte, dass im europäischen Verbund nach einem Währungssystem gesucht wurde, welches nach dem Ende des Weltwährungssystems von Bretton Woods für stabile Verhältnisse sorgen sollte.

Darüber hinaus etablierte die Regierung Brandt mit der ›Neuen Ostpolitik‹ die bundesdeutsche Variante einer Dialogpolitik zwischen Ost und West, die sich in eine veränderte globale Sicherheitslage einfügte. Diese war entstanden, nachdem die Berlin-Krisen, der Bau der Berliner Mauer und die Kuba-Krise hatten erkennen lassen, dass die globale Sicherheitsarchitektur im Rahmen der Vereinten Nationen nicht ausreichte, um den Kalten Krieg einzudämmen. Neue Versuche zur Rüstungskontrolle waren notwendig, um ähnliche Szenarien wie in Berlin oder um Kuba zu vermeiden. Gleichzeitig setze sich aber auf breiter Front die Einsicht durch, dass sich die Welt mit dem Status quo des Kalten Kriegs abfinden musste, da der Systemwettbewerb militärisch nicht zu gewinnen war.

Das Weltwährungssystem von Bretton Woods

Im Juni 1944, als der Zweite Weltkrieg noch in vollem Gange war, wurde das Weltfinanzsystem von ›Bretton Woods‹ etabliert, welches bis 1973 eine zentrale Grundlage der Weltwirtschaft darstellen sollte. Es bestand aus drei Pfeilern, der Weltbank, dem Internationalen Währungsfonds und dem Gold-Dollar-Standard als neu konzipiertes Wechselkurssystem. Der US-Dollar fungierte fortan als Leitwährung, die als einzige noch eine feste Golddeckung haben sollte, während alle anderen Währungen mit festen Wechselkursen an den US-Dollar gebunden waren. Die US-Wirtschaft diente somit als Stabilisator für das internationale Währungssystem. Im Gegenzug wurden die Staaten des Bretton-Woods-Systems aber gezwungen, eventuelle Zahlungsbilanzdefizite der USA mitzufinanzieren. Als die US-Regierung es wegen der Kosten des Vietnamkrieges in der zweiten Hälfte der 1960er-Jahre kaum mehr schaffte, eine ausgeglichene Zahlungsbilanz vorzulegen und die Golddeckung aufrecht zu halten, trat genau dieser Fall ein. Erschwerend kamen Währungskrisen und Inflationsdruck innerhalb Europas hinzu, die sich immer schwerer im System fester Wechselkurse meistern ließen.

Die angespannte Situation resultierte in den frühen 1970er-Jahren in einen Währungskrieg mit politischem Hintergrund, bei dem es zu kontroversen Diskussionen im westlichen Bündnis über multinationale Verantwortung kam. Die USA forderten von ihren europäischen Verbündeten, dass sie ihren Anteil an den Verteidigungsaktivitäten erhöhen sollten. Insbesondere die Bundesrepublik, die nach dem Zweiten Weltkrieg von einer günstigen Bewertung ihres Wechselkurses durch die USA wirtschaftlich profitiert hatte, sollte einen größeren Beitrag leisten, um die Kosten der USA zu senken. Die US-Regierung drohte gar mit einem Abzug ihrer Streitkräfte aus Europa. Die europäischen Staaten wiederum verwiesen auf ihre eigenen Probleme im Kontext des wirtschaftlichen Strukturwandels. Politisch konnten die europäischen Regierungen ohnehin weder direkt noch indirekt eine Mitfinanzierung des Vietnamkriegs in Erwägung ziehen. Angesichts der enormen Ablehnung des Kriegs in den europä-

NEUE WEGE UND VERANTWORTUNGEN IN DER AUSSENPOLITIK

131

ischen Gesellschaften wäre dies einem politischen Selbstmord gleichgekommen.
Die Bundesrepublik erwies sich dann als ein ›Zünglein an der Waage‹. Im Mai 1971 gab die Bundesregierung einseitig die Parität zum US-Dollar auf und setzte auf einen freien Wechselkurs, um so den Import der US-Inflation zu stoppen. Der Dollar verlor daraufhin gegenüber der DM um 9,3 % an Wert. Viel wichtiger war aber der psychologische Effekt. Ausgerechnet die Bundesrepublik, deren wirtschaftlicher Wiederaufbau nach dem Zweiten Weltkrieg von den USA gefördert worden war, hinterfragte nun die Leitfunktion des Dollars auf den internationalen Finanzmärkten. Als Folge nicht endend wollender Verwerfungen wurde das Golddeckungssystem nach Bretton Woods schließlich 1973 komplett aufgegeben, da es einfach keine Stabilität mehr bot. Der Wert einer Währung bestimmte sich fortan nach Angebot und Nachfrage. Diese Umstellung führte in den 1970er-Jahren zu erheblichen Währungsturbulenzen und mündete in Bemühungen um die Errichtung regionaler Währungsverbände wie einer Europäischen Währungsunion im sog. Werner-Plan.

Auf die Einsicht in die Verfahrenheit der Situation folgte die Konferenz für Sicherheit und Zusammenarbeit in Europa (KSZE). Wie sehr die Vorbereitung der KSZE auf die Bundesrepublik zurückwirkte, zeigte sich daran, dass die KSZE einerseits die Grundlage darstellte, auf der die ›Neue Ostpolitik‹ vorangetrieben werden konnte. Andererseits führte die KSZE zum Viermächteabkommen über Berlin im September 1971, welches den Status quo als geteilte Besatzungsstadt festschrieb, gleichzeitig erhebliche Erleichterungen für die Bevölkerung besonders im Transitverkehr brachte. Die KSZE muss als sehr breiter Ansatz politischer, wirtschaftlicher, militärischer, kultureller und gesellschaftlicher Verhandlungen angesehen werden, an deren Ende die Unterzeichnung der Helsinki-Schlussakte am 1. August 1975 stand. Die Inhalte der Vereinbarungen umfassten militärische Aspekte wie Bemühungen um Abrüstung, die vorherige Ankündigung militärischer Manöver oder die gegenseitige Zulassung von Beobachtern, aber auch gesellschaftlich relevante Punkte wie Kontakte auf individueller Ebene, Familienzusammenführungen, die Reisefreiheit oder den Informationsaustausch und kulturelle Kooperation.

Die Schlussakte kann auch als ein Tauschgeschäft zwischen Ost und West eingestuft werden, das die Inhalte der Ostverträge multilateral untermauerte und damit für das Verhältnis von Bundesrepublik und DDR nicht unbedeutsam sein sollte. Auf der einen Seite erhielt der Osten die Anerkennung des territorialen Status quo und die Zunahme des dringend benötigten wirtschaftlichen Austauschs. Auf der anderen Seite erhielt der Westen die Anerkennung der Menschenrechte, der Informationsfreiheit und gesellschaftliche Kontakte. Ob nun der Westen oder Osten als ›Sieger‹ aus der KSZE hervorging, spielt für die Geschichte der Bundesrepublik keine wesentliche Rolle. Wichtiger erscheint, dass in der DDR die Interpretation der KSZE als Garantie von Bürger- und Menschenrechten allmählich an Gewicht gegenüber der offiziell propagierten Koexistenz der Gesellschaftssysteme gewann. Nicht wenige Historiker argumentieren, dass die KSZE langfristig gesellschaftliche Prozesse in Gang setzte, die vermittelt durch die Bürgerbewegung der 1980er-Jahre zu einer Destabilisierung des Sozialismus auch in der DDR führten. Demnach habe die KSZE massiv zu einer Transformation der kommunistischen Gesellschaften beigetragen, da der intensivere Informationsfluss zunächst zur Zerstörung von Feindbildern beigetragen und dann den Politikwechsel begünstigt habe.

Für die Entwicklung der Bundesrepublik noch bedeutsamer war die De-facto-Anerkennung der Existenz zweier deutscher Staaten. Die DDR wurde zumindest für das politische Alltagsgeschäft so zu einem ›außenpolitischen‹ Akteur, mit dem die Angelegenheiten des Mit- und Nebeneinanders pragmatischen Lösungen zugeführt werden konnten. Seit Mitte der 1960er-Jahre waren ohnehin die Hoffnungen auf die deutsche Einigung geschwunden, da es international kaum mehr Unterstützung für ein solches Vorhaben gab. Zum einen hatten sich die Staaten beider Blöcke im weltpolitischen Status quo eingenistet. Zum anderen hatten auch die europäischen Staaten kein Interesse an einer Bundesrepublik, die die anderen Staaten Europas

Wortwechsel zwischen Politikern beider deutscher Staaten – unten der Tisch der DDR, rechts in der Mitte der Tisch der BRD, bei der KSZE-Abschlusskonferenz in Helsinki, 1975

Egon Bahr | 1922–2015

Konstrukteur der Ostpolitik

Egon Bahr zählt zu den entscheidenden Vordenkern der Neuen Ostpolitik unter Bundeskanzler Willy Brandt. Sowohl während der Großen Koalition als Sonderbotschafter und Leiter des Politischen Pla-
nungsstabes im Auswärtigen Amt als auch in der sozialliberalen Koalition nach 1969 als Staatssekretär im Bundeskanzleramt gab Bahr
der Bundesaußenpolitik eine neue Richtung. Er konzipierte zentrale
Abkommen wie den Moskauer Vertrag (1970), den Warschauer Vertrag (1970), das Transitabkommen (1971) und den Grundlagenvertrag (1972). Brandt und Bahr stützten sich dabei auf eine enge Zusammenarbeit, die sich in den frühen 1960er-Jahren entwickelt hatte, als Egon Bahr Leiter des Presse- und Informationsamtes des
Landes Berlin unter Bürgermeister Willy Brandt war.

Franz Josef Strauß | 1915–1988

Bayerischer Motor der Bundesrepublik

Franz Josef Strauß gehört zu den polarisierenden politischen Charakteren der frühen Jahre der Bundesrepublik. Schon 1948 als Mitglied in den Wirtschaftsrat der Vereinigten Wirtschaftszone berufen, sollte der bayerische Politiker eine steile Karriere in der Bundesrepublik zurücklegen, die nach Stationen als Bundesminister für besondere Aufgaben, für Atomfragen und für Verteidigung mit der Spiegel-Affäre im Jahr 1962 einen jähen Einbruch erlitt. Zwar konnte Strauß nochmals in der Großen Koalition als Finanzminister Regierungsverantwortung übernehmen, doch allmählich zog er sich nach Bayern zurück, wo er von 1978 bis zu seinem Tode Ministerpräsident blieb. Eine Kanzlerschaft blieb dem für CDU/CSU kandidierenden Strauß aber trotz gewonnener Wahl 1980 vergönnt, weil die FDP der SPD eine letzte Koalitionszusage machte.

an Größe und Wirtschaftsleistung deutlich überragte. Hinzu kam, dass auch die DDR in der zweiten Hälfte der 1960er-Jahre nun intensiver den Kontakt mit der Bundesrepublik suchte. Sie hatte nach dem Mauerbau von 1961 eine Phase der innenpolitischen Konsolidierung durchlaufen, u. a. wurde 1967 das Staatssekretariat für gesamtdeutsche Fragen in dasjenige für westdeutsche Fragen umbenannt. 1968 folgten eine neue Verfassung und ein neues Strafgesetzbuch. Vor dem Hintergrund einer gefestigten Staatlichkeit, die auch einem neuen Selbstbewusstsein hinter hohen Mauern entsprang, trat die DDR-Führung international immer selbstbewusster auf. Insofern war es in vielerlei Hinsicht der realpolitischen Situation geschuldet, dass die beiden deutschen Staaten langsam aufeinander zugingen. Die Hallstein-Doktrin jedenfalls und mit ihr der Alleinvertretungsanspruch der Bundesrepublik hatte sich in den späten 1960er-Jahren überlebt.

Die ›Neue Ostpolitik‹ war dann auch der formale Abgesang an die Hallstein-Doktrin als außenpolitische Leitlinie der Bundesrepublik. Nach dem Moskauer Vertrag mit der Sowjetunion am 12. August 1970, dem Warschauer Vertrag mit Polen am 7. Dezember 1970 sowie dem Viermächteabkommen über Berlin sollte der Vertrag über die Grundlagen der Beziehungen zwischen der Bundesrepublik und der DDR vom 21. Dezember 1972 zu einer formalen Anerkennung des Status quo zweier Staaten auf deutschem Boden führen. Sogar das Bundesverfassungsgericht erkannte den Vertrag nach einer Beschwerde der bayerischen Staatsregierung mit dem Argument an, dass dieser eine ›faktische Anerkennung besonderer Art‹ sei. Der Grundlagenvertrag stellte die Basis dar, auf der in den 1970er-Jahren in vielen Einzelverträgen die Koexistenz beider Staaten normalisiert wurde. Mit dem erfolgreichen Antrag auf Mitgliedschaft in den Vereinten Nationen kehrten die Bundesrepublik und die DDR am 18. September 1973 offiziell in die Weltgemeinschaft zurück.

7. Dezember 1970: Bundeskanzler Willy Brandt gedenkt knieend, nach der Kranzniederlegung am Mahnmal, der Opfer des Warschauer Ghetto-Aufstandes.

V. (Individuelle) politische Partizipation und Mitbestimmung jenseits der demokratischen Institutionen

In den Jahren 1969 bis 1982 kam es zu einschneidenden Veränderungen der Staatlichkeit und politischer Kultur, die sich außerhalb der politischen Entscheidungsgremien vollzogen. Sie speisten sich aus einem Konflikt zwischen den Generationen, der sich am Umgang mit der Aufarbeitung des Nationalsozialismus entzündete und sich intensivierte, nachdem erstmals eine Generation von Jugendlichen, die keine unmittelbaren Erfahrungen mit dem Kriegsgeschehen oder den Erziehungsinstitutionen des Nationalsozialismus gemacht hatten, kritisch zurückblickte. Die nach dem Krieg oder in den späten Kriegsjahren geborenen Jugendlichen der 1960er-Jahre hinterfragten nun das Schweigen ihrer Väter über das Geschehen im NS und auch die Fortsetzung von Karrieren insbesondere in der Judikative. Einen Katalysator dieses schwelenden Konflikts stellte die Kanzlerschaft von Kurt Georg Kiesinger (1966–1969) dar. Einerseits provozierte die routinierte Glätte der CDU Kiesingers eine nach Konfrontation drängende Protestkultur, die sich insbesondere an Kiesingers Mitgliedschaft in der NSDAP entzündete. Andererseits marginalisierte die Große Koalition die Opposition, die nun alleine der kleinen FDP zufiel. Die Entscheidungsprozesse innerhalb der Großen Koalition waren dadurch kaum mehr kontrollierbar.

Zur Brutstätte neuer Formen politischer Partizipation wurde die ›Außerparlamentarische Opposition‹ (APO). Durch ihre Demonstrationen gegen vielfältige politische Themen (Notstandgesetze, Deutschlandbesuch des Schahs von Persien, Vietnamkrieg) lenkte sie die Aufmerksamkeit auf Formen politischer Teilhabe und Mitsprache jenseits der etablierten Institutionen. Der Protest sollte Normen, Regulationen und Stereotype der etablierten Ordnung in Denken und Handeln aufbrechen. Aufgrund ihrer Andersartigkeit im politischen Ausdruck wurde die APO in der Öffentlichkeit sehr unterschiedlich interpretiert. Während die einen in ihr die Vorkämpferin einer republikanischen Grundordnung sahen, sahen die anderen in ihr eine Bedrohung der demokratischen Grundfeste der Bundesrepublik. Wenngleich die Formen und Inhalte des Protests

Kurt Georg Kiesinger | 1904–1988

Eingeholt von der Vergangenheit:
Zwischen Kontinuität und Protestkultur

CDU
Amtszeit: 1. Dezember 1966 – 21. Oktober 1969

Biografisches:
- Geboren am 6. April 1904 in Ebingen
- 1931 Juristisches Staatsexamen
- 1933 Eintritt in die NSDAP und die SA
- 1934–40 Rechtsanwalt am Berliner Kammergericht
- 1940–45 Tätigkeit im Reichsaußenministerium, u. a. Leiter der Rundfunkpolitischen Abteilung
- 1945–46 18 Monate Haft, dann entlassen und entnazifiziert, als Mitläufer eingestuft
- 1949–59 Abgeordneter für Ravensberg im Bundestag
- 1958–66 Ministerpräsident von Baden-Württemberg
- 1962–63 Präsident des Bundesrats
- Gestorben am 9. März 1988 in Tübingen

Wahlslogans:
- 1969: »Auf den Kanzler kommt es an«

sehr unterschiedliche Ausprägungen im Laufe der späten 1960er-
und 1970er-Jahre annehmen sollten, lag allen Varianten doch eine
antiautoritäre Befindlichkeit zugrunde. So variierten die Formen
von den friedlichen Neuen Sozialen Bewegungen über die provokan-
tere Variante der Kommune 1 bis hin zur Terrorgruppe der ›Roten
Armee Fraktion‹ (RAF). Medien machten die Protestformen oftmals
erst zu dem provokanten Massenereignis, als das es dann wirkte.
Massiven Aufwind erhielten die Protestbewegungen in ganz Westeuropa durch den Vietnam-Krieg, weil durch ihn der Mythos ›USA‹
verblasste, der zuvor das idealistische Leitbild der westlichen Gesellschaften gewesen war. Standen Care-Pakete, Marshall-Hilfe und
auch die Präsidentschaft Kennedys noch als Symbole für die positiven Werte der USA, so wurde der Vietnam-Krieg zum moralischen
Desaster für die USA und gerade in Europa zur Triebfeder des stu-
dentischen Protests.

Die politische Kultur der Teilhabe brachte dann in den 1970er-
Jahren eine Reihe von Bürgerbewegungen hervor, die in dieser Art
nicht in der Verfassung vorgesehen waren und sich jenseits des etablierten Parteiensystems formierten. Anknüpfend an die Ideen der
APO sollten außerhalb des parlamentarischen Gestaltungsraums
vielfältige Formen der direkten Demokratie präferiert werden, wie
etwa Demonstration, das politische Happening, Bürgerinitiativen
oder Unterschriftensammlungen. Die Bewegungen richteten sich
nicht gegen den Staat an sich oder wollten ihn gar abschaffen, aber
sie formierten sich in Abgrenzung zu den bestehenden Formen
staatlicher Partizipation, sodass ein gewisses Maß an Konflikt nicht
gänzlich zu vermeiden war. Die nicht grundsätzlich anti-institutio-
nelle Haltung der Neuen Sozialen Bewegungen zeigte sich darin,
dass etwa bei Planungsverfahren von Projekten mit den Verwaltun-
gen zunehmend kooperiert wurde und auch ständige Diskussions-
foren der einzelnen Bewegungen für politische Akteure offenstan-
den. Bundespräsident Gustav Heinemann bezeichnete sie als ›Erscheinung einer lebendigen Demokratie‹. Die Neuen Sozialen
Bewegungen waren grundsätzlich eine heterogene Erscheinung, die
sich zunächst als Minderheitenbewegungen um kleine Anliegen herum gruppierten und sich dann wieder auflösten, wenn diese er-

Gustav Heinemann | 1899–1976

Kritischer Modernisierer

Gustav Heinemann gilt als einer der größten Kritiker etablierter Formen von Politik in der frühen Bundesrepublik. 1950 trat er – noch
als CDU-Mitglied – wegen unüberbrückbarer Meinungsverschieden-
heiten mit Kanzler Adenauer vom Amt des Innenministers zurück.
Nach einem politischen Comeback als Bundesjustizminister der Großen Koalition – nunmehr als SPD-Mitglied – bewirkte er grundlegende Reformen des Strafrechts. Seine kritische Haltung prägte später auch Heinemanns Amtszeit als Bundespräsident, zu dem er 1969
gewählt wurde. Die vom politischen Establishment oftmals als Bedrohung von Stabilität und Ordnung gegeißelten Neuen Sozialen
Bewegungen wertete Heinemann als Ausdruck einer lebhaften Demokratie und begrüßte die Forderung nach persönlicher Mitgestal-
tung.

reicht waren. Viele Einzelbewegungen formierten sich unter dem Dach größerer Bewegungen wie der Umweltbewegung. Insbesondere in den frühen 1970er-Jahren waren sie nicht selten als einfache Bürgerbewegungen bekannt und entstanden aus eher kommunalen Anlässen wie dem Einsetzen für Kindergärten, Schwimmbäder, lokalen Umweltproblemen (Flughafenbauten) oder gegen Sanierungspläne.

Die Neuen Sozialen Bewegungen wurden zu einem entscheidenden Faktor für die festere Verankerung der Demokratie in der Gesellschaft der Bundesrepublik. Durch sie wurde die Selbstgestaltungsfähigkeit der Gesellschaft nachhaltig verbessert und damit auch die Vorstellung, dass der Einzelne im Staat etwas bewegen könne. Ein steigendes politisches Interesse führte während der gesamten 1970er-Jahre dazu, dass dann im Jahr 1983 der Anteil der politisch Interessierten in der Bundesrepublik einen Spitzenwert erreichte. Die Wahlbeteiligung kletterte auf Spitzenwerte und sank dann erst mit dem Abflauen der Neuen Sozialen Bewegungen ab der Mitte der 1980er-Jahre. Danach setzte aus mehreren Gründen ihr Niedergang ein: Erstens gingen große Teile der Bewegungen in der Partei ›Die Grünen‹ auf und verankerten sich langfristig im politischen System. Zweitens übernahmen die bestehenden Parteien die Forderungen von Einzelbewegungen, da diese zum gesamtgesellschaftlichen Konsens wurden. Drittens veränderten die Bewegungen auch das politische System der Bundesrepublik selbst, da Anhörungsverfahren etc. in Planungsprozesse eingebaut wurden, um so die Stimme der Bevölkerung zu hören.

Inhaltlich erwiesen sich die Neuen Sozialen Bewegungen als recht heterogen. Die meisten Bewegungen hatten einen postmaterialistischen Kern, da sie anders als die großen Bewegungen der Industrialisierung (Gewerkschaften, Arbeiterbewegung etc.) den technischen und wirtschaftlichen Fortschritt nicht grundsätzlich positiv bewerteten und um die Verteilung der Früchte des Erfolgs stritten. Ihnen ging es eher um die Schattenseiten der Modernisierung, d. h. deren Folgekosten und die Frage der Lebensqualität. Sie umfassten vielfältige Themen, von denen die Anti-Atomkraft und die Frauenbewegung exemplarisch für die nachhaltige Veränderung der Bundesrepublik gesehen werden können. Beide gingen im Parteiensystem auf und läuteten ein grundlegendes gesellschaftliches Umdenken ein.

Der Ursprungsmythos der Anti-Atomkraftbewegung war der erfolgreiche Kampf gegen den Bau des Atomkraftwerks in Wyhl, bei dem 28.000 Demonstranten im Jahr 1975 das Baugelände stürmten und besetzten. Zuvor hatte sich die Landesregierung in Stuttgart über den Kopf der lokalen Bevölkerung hinweg für den Bau entschieden. Der Protest von örtlichen Bauern provozierte dann Solidarität aus dem gesamten Umland: vom Freiburger Studenten bis zur Bevölkerung im Elsass. Die Besetzung des Geländes resultierte in einen verzögerten Bau, der dann wiederum zu einer Mobilisierung der Bevölkerung insgesamt führte und eine jahrelange Klage nach sich zog. Wyhl wurde zum bundesweiten Vorbild, weil die Bürgerbewegung die Scheu gegenüber den politischen Methoden des Staates ablegte und es sich zeigte, dass politische Mitsprache auch jenseits der parlamentarischen Verfahren möglich war. Die Bewegung nutzte fortan konsequent die Möglichkeiten aus, die der Rechtsstaat bot. Die Methoden von Wyhl wurden bundesweit immer öfter gegen den Bau von Atomkraftwerken oder Aufbereitungsanlagen eingesetzt. 1979 demonstrierten nach dem Atomunfall von Harrisburg etwa 400.000 Menschen gegen die Atomkraft in Deutschland, was nur noch von einem Aufflammen des Protests nach dem Reaktorunglück von Tschernobyl übertroffen wurde, als ca. 1,2 Millionen Menschen auf die Straße gingen.

Die 1970er-Jahre können aber ebenso als richtungweisend auf dem Weg zur Gleichberechtigung und als Jahrzehnt der Frauenbewegung betrachtet werden. Es ging darum, die rechtliche Stellung der Frau in der Gesellschaft wie im Privaten zu stärken, wobei die Selbstbestimmung über den eigenen Körper, oder genauer der Paragraph 218 zum Schwangerschaftsabbruch, den konkreten Anlass lieferte. Ein Eckdatum dieser Debatte war der 6. Juni 1971, als der Stern mit einem Artikel von Alice Schwarzer zum Thema aufwartete und mit einem Titelblatt die bundesrepublikanische Gesellschaft konfrontierte, auf dem 28 prominente Frauen mit der Schlagzeile ›Wir haben abgetrieben‹ eine ohnehin emotional aufgeladene Debatte anheizte.

Startbahn West

Die Planung und der Bau einer neuen Startbahn für den Flughafen Frankfurt, die sogenannte Startbahn West, erwies sich in den 1970er- und 1980er-Jahren als ein Katalysator der Umweltbewegung in Deutschland. Bereits in den 1960er-Jahren war die Planung einer Startbahn am westlichen Rand des Flughafens in Auftrag gegeben worden, die erhebliche Abholzungen nach sich ziehen sollte. Die Belästigung durch Fluglärm drohte sich auf zuvor verschonte Wohngebiete am Rande Frankfurts auszudehnen. Anfangs standen wirtschaftliche Argumente ganz oben auf der Agenda, sodass die ersten Planungen nur wenig Protest hervorriefen. Mit dem Aufkeimen der Umweltbewegung änderte sich dies allerdings rasch. 1972 wurden bei Einleitung des Planfeststellverfahrens etwa 100 Klagen eingereicht. Doch weder diese Klagen noch die Rezession oder eine Stagnation der Luftfahrt aufgrund der hohen Kosten für Kerosin vermochten das Projekt zu kippen. Am 21. Oktober 1980 scheiterten die Klagen schließlich in letzter Instanz beim Hessischen Verwaltungsgericht. Was folgte, waren Proteste, Besetzungen und Zwangsräumungen durch die Polizei. Höhepunkt der Auseinandersetzung war eine Demonstration am 14. November 1981, bei der 120.000 Menschen in Wiesbaden gegen den Bau der Startbahn West auf die Straße gingen. Im Gegensatz zu anderen Widerständen gegen große Verkehrsprojekte wie die geplanten Autobahnen durch den Schwarzwald oder das Rothaargebirge blieben die Proteste gegen die Startbahn West aber letztlich erfolglos. Gegen alle Widerstände wurde sie am 18. April 1984 in Betrieb genommen.

Startbahngegner auf dem Baugelände für die geplante Startbahn West mit einem selbstgebauten Turm aus Baumstämmen, Oktober 1981

Alice Schwarzer | geb. 1942

Gesicht der Gleichberechtigung

Alice Schwarzer etablierte sich in den 1970er-Jahren als Vorreiterin der Frauenbewegung in Deutschland und sollte über Jahrzehnte hinaus zur prominentesten Fürsprecherin der Gleichberechtigung werden. 1971 zur Wortführerin der Aktion ›Frauen gegen den § 218‹ aufgestiegen, sollte sie 1977 als Verlegerin und Chefredakteurin der feministischen Zeitschrift ›Emma‹ Maßstäbe der Gleichberechtigung in Deutschland setzen und Themen der Gleichberechtigung einem breiten Publikum nahebringen. Seitdem gilt sie in der bundesrepublikanischen Öffentlichkeit als Gesicht der Frauenbewegung in Deutschland.

scher Vorgang einer Neuen Sozialen Bewegung betrachtet werden. Das Gremium übermittelte dem Bundesjustizminister, Gerhard Jahn, einen Forderungskatalog, der eine Reihe von Punkten enthielt: die Streichung des § 218 aus dem Strafgesetzbuch, den Schwangerschaftsabbruch durch Fachärzte, die Festschreibung der Abtreibung sowie »die Pille« als Kassenleistung und eine Sexualaufklärung, die sich an den Bedürfnissen der Frauen orientieren sollte. Die Revision des § 218 im Jahr 1976 war dann ein Puzzlestück im Rahmen weiterer Veränderungen des Frauenrechts zugunsten der Frau wie etwa die Abschaffung der Verpflichtung zur Hausarbeit oder die Gleichberechtigung im Namensrecht. Die konkreten Regelungen des § 218 zeigten aber ebenso, dass auch in den 1970er-Jahren die konservativen Kräfte in der bundesrepublikanischen Gesellschaft quantitativ wie qualitativ nicht zu verachten waren. Nach langem Streit und einem Urteil des Bundesverfassungsgerichts im Februar 1976 war der Schwangerschaftsabbruch zwar weiterhin verboten, es gab jedoch keine Strafverfolgung mehr, sodass der Abbruch »de facto« ermöglicht wurde. Nichtsdestotrotz blieben die politischen Entscheidungen der 1970er-Jahre allenfalls ein vorsichtiger Einstieg in das Thema der Gleichberechtigung, da zentrale Geschlechterunterschiede, insbesondere in der Arbeitswelt, weiterhin bestehen blieben. So lag der Durchschnittslohn der weiblichen Industriearbeiterin bei nur 60 % dessen eines Mannes und änderte sich bis 1989/90 nur unwesentlich. Auch der Ausbau der Betreuungsangebote für Kinder erfolgte in erster Linie halbtags für 3–6-jährige Kinder und hinkte weiterhin deutlich hinter dem europäischen Durchschnitt zurück.

VI. Demografische Verschiebungen und der Einstieg in die multikulturelle Gesellschaft

Zu den sich wandelnden Funktionsbedingungen bundesrepublikanischer Staatlichkeit gehörte auch eine Verschiebung in der gesellschaftlichen Substanz. So drehte sich die demografische Entwicklung in vielerlei Hinsicht um. Zum einen wuchs die Bevölkerung immer langsamer. Zwischen 1970 und dem Ende der DDR stieg die Einwohnerzahl nur noch mäßig von 61 auf 62,7 Millionen Menschen an, wobei das Wachstum ausschließlich durch Einwanderungsüberschüsse zustande kam. In der deutschen Bevölkerung sanken die Geburtenzahlen von 13,4 je tausend Einwohner im Jahr 1970 auf 9,6 Mitte der 1980er-Jahre ab. Zum anderen stieg die durchschnittliche Lebenserwartung alleine in den 1970er-Jahren um ca. 5 Jahre, sodass Rentner und Pensionäre zu einer gesellschaftlich immer bedeutsameren Gruppe wurden.

Für den größten Einschnitt in die demografische Entwicklung der Bundesrepublik sorgten die Gastarbeiter. Hatten diese noch in den 1960er-Jahren einen Konjunkturpuffer dargestellt, so sollte sich in den 1970er-Jahren die wirtschaftliche Bedeutung und die gesellschaftliche Stellung der Gastarbeiter radikal wandeln. Aus ihnen wurden permanente Arbeitsmigranten und mit ihnen schlug die Bundesrepublik den Weg in die multikulturelle Gesellschaft ein. Dabei reagierte die Bundesregierung zunächst entsprechend der ökonomischen Logik, die hinter der Idee der Gastarbeiter steckte. Im Zuge des Ölpreisschocks, der steigenden Arbeitslosigkeit der frühen 1970er-Jahre und der Rezession 1974/75 erhöhte sie die Gebühren für eine Anwerbung ausländischer Arbeitnehmer und verschärfte die Abschiebungspraxis, um die Menschen schneller zurück in ihre Heimatländer zu bringen. Dies geschah zu einer Zeit, als im Jahr 1973 immerhin 2,6 Millionen ausländische Arbeiter in der Bundesrepublik beschäftigt waren, unter ihnen 605.000 Türken, 530.000 Jugoslawen und 450.000 Italiener. Nachdem in der Rezession 1974/75 erstmals das Phänomen arbeitsloser Gastarbeiter aufkam, sanken die Zahlen der jährlichen Anwerbungen von 1.000.000 (1970) auf 300.000 (1975). Aufgrund eines überproportionalen Nachzugs von Familien-

angehörigen in der zweiten Hälfte der 1970er-Jahre stiegen die Zahlen jedoch schnell wieder an. Die ausländische Bevölkerung nahm von 3 Millionen auf 4,5 Millionen zu, wobei der Schwerpunkt der Zuwanderer auf Südosteuropa lag, v. a. aus der Türkei und Jugoslawien. Dabei stieg in den 1970er-Jahren auch der Frauenanteil an, weil immer mehr Gastarbeiter für Dienstleistungsberufe angeworben wurden und immer mehr Familien nachzogen. Kamen 1961 noch 451 Frauen auf 1.000 Männer, so waren es 1981 bereits 708.

Mit der steigenden Zahl an ausländischen Einwohnern ging dann in den 1970er-Jahren auch eine gesellschaftliche Segregation einher, bei der es in vielen Großstädten der Bundesrepublik zu einer Getto-Bildung kam und ganze Stadtteile migrantisch geprägt wurden. Schlechte und überfüllte Wohnungen sorgten für innerfamiliären Sprengstoff, sprachliche und kulturelle Unterschiede zwischen deutscher und ausländischer Wohnbevölkerung traten offen zutage. Als weiteres Integrationsproblem erwiesen sich schulische Misserfolge der Ausländerkinder, bei denen oftmals weder die Elternhäuser noch die Schulen helfen konnten. Insbesondere türkische Mädchen fühlten sich ausgegrenzt, weil sie weder sprachlich am Unterricht partizipieren konnten, noch anerkannt wurden. Noch 1980 besaßen ¾ aller 15–24-jährigen Ausländer in Deutschland keinen Hauptschulabschluss, womit ihnen der gesellschaftliche Aufstieg verwehrt blieb. 2/3 der Ausländerkinder brachen in der zweiten Hälfte der 1970er-Jahre ihre Ausbildung ab, v. a. infolge mangelnder Sprachkenntnisse.

Für die langfristige demografische Entwicklung der Bundesrepublik wurden die Gastarbeiterfamilien enorm bedeutsam, konterkarierten sie doch gesellschaftliche Entwicklungen der deutschen Bevölkerung wie den Geburtenrückgang und die Säkularisierung. Bei ausländischen Mitbewohnern blieben die Geburtenzahlen hoch, sodass Ende der 1970er-Jahre jedes sechste in der Bundesrepublik geborene Kind ausländische Wurzeln hatte. Hinzu kam die Religiosität, die nicht nur einen anderen Stellenwert hatte, sondern die Bundesrepublik auch konfessionell heterogener machte, da mit den südosteuropäischen Immigranten der Islam in Deutschland Einzug hielt. Dies alles passierte gleichzeitig mit einer allgemeinen Erosion

christlicher Orientierungen. Besuchten noch 1969 ca. 40 % der 16–
29-jährigen Katholiken regelmäßig die Kirche, so sank dieser Anteil
auf 16 % im Jahr 1980. Nicht unbedeutend hierfür waren kirchliche
Positionen bei den großen gesellschaftspolitischen Fragen wie der
Ehe ohne Trauschein oder der Abtreibung, die sich klar gegen den
gesellschaftlichen Wandel aussprachen.

Angesichts der sozialen Probleme, die immer offener zutage traten und auch medial so verarbeitet wurden, setzte sich in politischen
Kreisen immer mehr die vom Schweizer Autor Max Frisch bereits
1965 skizzierte Erkenntnis durch: »*Man hat Arbeitskräfte gerufen,
aber es kamen Menschen!*« Eine SPD-Kommission kam 1980 zu dem
Ergebnis, dass ein neuer rassischer Hochmut drohe, v. a. aufgrund
der sozialen Probleme von Ausländern. Ein ›Integrationsprogramm
für junge Ausländer‹ der Bundesregierung zielte nun darauf ab, die
Chancengleichheit zu erhöhen. Die Bundesregierung setzte sogar einen ›Ausländerbeauftragten‹ ein, immerhin der ehemalige NRW-Mi-
nisterpräsident Heinz Kühn. All dies warf die Frage auf, ob Deutschland ein Einwanderungsland sei oder nicht, die während der 1980er-
Jahre kontrovers geführt wurde und die politischen Ränder stärkte.

VII. Mediale Durchdringung der Gesellschaft

Für die beschriebenen diversen Formen der Transformation von
Staat und Gesellschaft spielten die Massenmedien eine wesentliche
Rolle als Multiplikatoren und Katalysatoren. Nachdem schon in den
1960er-Jahren durch Radio und Fernsehen eine neue Art der Zeitkritik entstanden war, setzten in den 1970er-Jahren die Prozesse der
»zunehmenden Durchdringung und Selbstbeobachtung« der Gesellschaft durch die Medien, wie Frank Bösch es formuliert hat, ein. Die
sich herausbildende Funktion der Massenmedien als kritischer Be-
obachter von Politik und Gesellschaft wurde zur Triebfeder gesellschaftlichen Wandels. Solidarität mit den Trägergruppen der Wand-
lungsprozesse wie etwa den Neuen Sozialen Bewegungen wurde
durch mediale Partizipation bewirkt. Das Massenmedium Fernsehen machte aus vielen regional begrenzten Protesten erst flächen-

deckend bedeutsame Phänomene, mit denen sich breite Bevölkerungskreise identifizieren konnten. Das Radio wiederum wandelte sich zu einem Begleitmedium, dass der Bürger im Alltag konsumierte, ohne dabei die ungeteilte Aufmerksamkeit einzufordern, wie es das Fernsehen tat. Der hörbarste Ausdruck war die Entstehung der sogenannten Servicewellen, die sich klar am Informations- und Unterhaltungsbedarf des Zuhörers orientierten. Das Radio vermittelte immer weniger ›kulturelle Angebote‹ und versorgte den Hörer mit praktischen Informationen wie dem Verkehrsfunk oder leichter Unterhaltungsmusik. Neue Programmformate entstanden, in denen sich letztlich auch die neue Stellung des Bürgers im Staat ausdrückte, da nun die Bedürfnisse nach Unterhaltung die kulturelle Erziehung der Bevölkerung verdrängte.

Mit dem Telefon etablierte sich in den 1970er-Jahren ein weiteres Individualmedium als Massenmedium. Im Jahr 1983 konnten 89 % der privaten Haushalte mit einem Anschluss versorgt werden, nachdem dieser Anteil 1969 noch bei 31 % gelegen hatte. Das Telefon war Teil einer umfassenden kommunikativen Vernetzung der Bevölkerung, bei der im Gegensatz zu Radio und Fernsehen, die auf den reinen Empfang gleichgerichteter Nachrichten ausgerichtet waren, die Bürger einen individuellen und gegenseitigen Informationsaustausch vornehmen konnten.

VIII. Fazit

In den Jahren zwischen 1966/69 und 1982/85 vollzog sich eine entscheidende Richtungsänderung in der Entwicklung der Bundesrepublik. Die Veränderung von Staatlichkeit sollte fortan vor dem Hintergrund einer globalisierten Welt erfolgen. Der globale Wettbewerb, neue wirtschaftliche Entwicklungsbedingungen und eine veränderte Normen- und Wertewelt, an deren Ende das Verhältnis von Staat und Bürger sich neu finden musste, prägten die Republik. Einerseits suchte der Bürger nach individuellen Möglichkeiten der Partizipation an politischen Entscheidungen, wie sie sich in der bun ten Palette der Neuen Sozialen Bewegungen abzeichneten. Andererseits – und dies sollte sich dann in den 1980er-Jahren auswirken – sollte der Bürger mehr individuelle Verantwortung für seine wohlfahrtsstaatliche Versorgung übernehmen, nachdem der Staat ein sozialstaatliches Absicherungsniveau aufgebaut hatte, welches er ohne die Prosperität und Wachstumszahlen der Wirtschaftswunderzeit nur noch schwer aufrechterhalten konnte. Letztlich prägte die 1970er-Jahre ein bemerkenswert gegenläufiger Trend im Verhältnis von Staat und Bürger. Einerseits nahm der Staat dem Bürger immer mehr Verantwortung für dessen individuelle Lebensplanung und Lebensabsicherung ab. Andererseits forderte der Bürger immer mehr individuelle Partizipation an staatlicher Gestaltung ein.

KAPITEL 5
1982/85–2002/05:
EUROPÄISCHER VERFLECHTUNGSSCHUB –
DIE WIEDERVEREINTE BUNDESREPUBLIK IM
FÖDERALEN EUROPA

I. Einleitung

In den 1980er- und 1990er-Jahren sorgten vier Entwicklungen für die grundlegendste Veränderung der bundesrepublikanischen Staatlichkeit in ihrer 70-jährigen Geschichte. (1) Erstens weitete sich die Einbettung der Bundesrepublik in die föderalen Strukturen der Europäischen Gemeinschaft (bzw. nach 1992 der Europäischen Union) massiv aus. Die EU gliederte sukzessive neue Politikbereiche in ihre Regulierungskompetenz ein und vertiefte so die europäischen Föderalstrukturen. Bundesrepublikanische und europäische Gesetzgebung und Rechtssysteme verschmolzen immer mehr. Die Interdependenzen von Innen- und Außenpolitik nahmen in der Bundesrepublik auch deshalb zu, weil die Wiedervereinigung den europäischen Verflechtungsprozess erheblich vorantrieb. Einerseits beschleunigte die deutsche Wiedervereinigung den Ausbau der europäischen Föderalstrukturen, weil es darum ging, die nun in Größe und Wirtschaftsleistung herausragende Bundesrepublik europäisch einzubetten. Andererseits nahm die Einbettung in die EU viele Sorgen der europäischen Regierungen und förderte so die schnelle Wiedervereinigung, die auch von der Zustimmung der Siegermächte des Zweiten Weltkriegs abhing. (2) Zweitens traten mit der deutschen Wiedervereinigung fünf neue Bundesländer dem Geltungsbereich des Grundgesetzes bei. Wenngleich dies für die Länder der ehemaligen

DDR im Wesentlichen eine formale Übernahme des Regierungs-,
Wirtschafts- und Gesellschaftssystems der Bundesrepublik bedeutete, so sollte sich doch die innere Symmetrie der Bundesrepublik
aufgrund einer enorm ansteigenden politischen, wirtschaftlichen
und gesellschaftlichen Heterogenität radikal wandeln. (3) Drittens
setzte sich auf breiter Front das neoliberale Wirtschafts- und Gesell-
schaftsmodell in der Bundesrepublik durch und befeuerte damit
nicht nur eine Veränderung im Verhältnis von Staat und Bürger, sondern eben auch einen Individualisierungsprozess, der schon in den
1970er-Jahren eingesetzt hatte. (4) Letztlich ging mit der Wiedervereinigung auch eine neue außenpolitische Verantwortung der Bundesrepublik in Europa und der Welt einher. Vorerst verblieb die Bundesregierung aber noch fast die gesamten 1990er-Jahre hindurch ein
eher passiver Akteur.

II. Wiedervereinigung im Gewand der Bundesrepublik

Dass die deutsche Wiedervereinigung sich im Jahr 1990 auf der
Grundlage des Grundgesetzes der Bundesrepublik Deutschland von
1949 vollziehen sollte, war in dieser Art nicht vorhersehbar gewesen. Ebenso lässt sich das Ende der DDR nicht monokausal erklären,
sondern über eine Reihe von strukturellen Bedingungen, die sich in
den 1980er-Jahren verschärften, sowie mit situativen Anlässen des
Herbsts 1989, die in wenigen Monaten die Einheit besiegelten. Vielfältige politische, wirtschaftliche und gesellschaftliche Gründe wirkten zusammen, die sich in ihrer Bedeutung kaum gewichten lassen.
  Die strukturellen Bedingungen waren zu einem großen Teil wirtschaftlicher Art. Nachdem die Industrie der DDR in den 1970er-Jah-
ren aufgrund günstiger Ölimporte keinen zwingenden Anlass zur
Modernisierung und Rationalisierung gehabt hatte, wirkte sich ein
Preisanstieg für sowjetische Öllieferungen in den 1980er-Jahren
gleich doppelt hart aus. Neben den hohen Energiekosten sollte sich
nun auch die Energieeffizienz veralteter Produktionstechnik als äu-
ßerst nachteilig erwiesen und die Wettbewerbsfähigkeit der DDR
negativ beeinflussen. Nicht zuletzt deshalb häuften sich hohe Aus-

landsschulden an. Kredite aus dem Ausland retteten die DDR-Wirtschaft in den 1980er-Jahren zunächst noch vor dem wirtschaftlichen
Kollaps, allerdings geriet die DDR zunehmend in die wirtschaftliche
Abhängigkeit von der Bundesrepublik. Die Schuldensituation spitz-
te sich allmählich aber so stark zu, dass der DDR im Mai 1989 die
Zahlungsunfähigkeit drohte. Die DDR-Führung weigerte sich, die
wirtschaftliche Notsituation anzuerkennen und Reformen anzupa-
cken, wie sie in der Sowjetunion unter den Stichworten Glasnost und
Perestroika vom neuen KPdSU-Generalsekretär, Michail Gorbatschow, angegangen wurden. Dies sorgte zunehmend für Unmut in
der Bevölkerung, aber auch in Kreisen der SED, was umso mehr wog,
als die DDR im Gegensatz zu den meisten anderen Staaten des Ostblocks sich nicht auf eine eigene Nationalität berufen konnte, sondern diese mit der Bundesrepublik teilte. Sie war folglich noch stärker auf die Ideologie des Sozialismus als nach innen einigendes Band
angewiesen. Gesellschaftlich hatte der KSZE-Prozesses, durch den
sich die DDR darauf verpflichtet hatte, grenzüberschreitende Kontakte zu erleichtern, Reisefreiheiten zu gewähren und die Informationsfreiheit zu verbessern, die SED ohnehin zunehmend in Legiti-
mationszwang gebracht.

Hingen die strukturellen Ursachen ohnehin wie ein Damokles-
schwert über der DDR, so gesellten sich im Laufe des Jahres 1989 si-
tuative Anlässe dazu, die die Bevölkerung der DDR massenhaft dazu bewog, entweder der DDR durch Flucht den Rücken zu kehren
oder einen Prozess der Umwälzung von innen heraus zu fordern. In
der CSSR und in Polen versuchten DDR-Bürger, über die dortigen
Botschaften der Bundesrepublik die Flucht in den Westen zu erreichen. Im September 1989 versammelte sich schließlich knapp 6000
DDR-Bürger auf dem Prager Botschaftsgelände.

Die Möglichkeit zur Flucht hatte sich im Sommer 1989 allmählich
eröffnete, nachdem Ungarn politische Reformen früh angegangen
war und die Grenze zum neutralen Nachbarstaat Österreich geöffnet hatte. Ein Land wie Ungarn, welches seit Langem ein beliebtes
Urlaubsland für DDR-Bürger war, bereitete nun einen potentiellen
Fluchtweg durch den Eisernen Vorhang. Die Bundesregierung nutzte die Gelegenheit und bot der ungarischen Regierung bei geheimen

Flüchtlingswellen in der Prager Botschaft

Seit die Bundesrepublik Deutschland im Jahr 1973 diplomatische Be-
ziehungen zur Tschechoslowakei (CSSR) aufgenommen und eine
Botschaft in der Landeshauptstadt Prag errichtet hatte, hatten es
DDR-Bürger wiederholt versucht, über die Botschaft in die Bundesrepublik zu flüchten. Im Umfeld der ersten Fluchtbewegungen über
die ungarisch-österreichische Grenze im Sommer 1989 entdeckten
DDR-Bürger auch die Botschaft in Prag als potentielles Tor in den
Westen. Hatte sich am 19. August 1989 noch eine überschaubare
Zahl von 120 Flüchtlingen auf dem Botschaftsgelände aufgehalten,
so kamen in den Tagen darauf täglich fast 50 neue Flüchtlinge hinzu. Der deutsche Botschafter verlagerte gar den konsularischen Betrieb am 23. August in ein naheliegendes Hotel, um diesen überhaupt
aufrechterhalten zu können. Den Flüchtlingsstrom stoppte dies aber
nicht. Das Botschaftsgelände verwandelte sich spätestens im September 1989 in eine Art Flüchtlingscamp, das bis zu 4.000 Menschen
beherbergte. Zelte wurden als Notunterkünfte errichtet und Schul-
unterricht für die anwesenden Kinder improvisiert. Soziale Spannungen waren an der Tagesordnung, insbesondere als Stasi-Spitzel ver-
dächtigte Personen gerieten ins Visier der auf ihre Ausreise in die
Bundesrepublik hoffenden DDR-Bürger.

Ende September gelang dann der Durchbruch, nachdem es dem
deutschen Außenminister Hans-Dietrich Genscher gelungen war, mit
seinen Amtskollegen aus der Sowjetunion und der DDR die Ausreise der auf dem Botschaftsgelände versammelten Menschen in die
Bundesrepublik zu vereinbaren. Die Verkündung dieses Verhand-
lungserfolgs am Abend des 30. September 1989 vom Balkon der Prager Botschaft aus, gehört zu den symbolträchtigsten Ereignissen auf
dem Weg zur deutschen Wiedervereinigung. Genschers Worte: »Liebe Landsleute, wir sind heute zu ihnen gekommen, um ihnen mitzu-
teilen, dass heute ihre« gingen noch vor der Aussprache des Schlüs-
selwortes »Ausreise« im tausendfachen Jubel unter. Fernsehzuschau-
er auf der ganzen Welt wurden Zeuge eines Ereignisses, das letztlich
noch mehr DDR-Bürger ermunterte, die Flucht anzutreten. Obwohl

(oder gerade weil) schon am 1. Oktober 1989 die ersten Flüchtlinge mit Zügen in die Bundesrepublik gebracht wurden, riss der Flüchtlingsstrom nicht ab. Die Botschaft blieb trotz vorübergehendem Rückgang der Flüchtlingszahlen aufgrund einer temporären Visumspflicht für die Ausreise von der DDR in die CSSR ein Tor in den Westen. Als die DDR am 3. November 1989 die Visumspflicht wieder aufgab, entpuppte sich die Prager Botschaft erneut als Nadelöhr der Flucht. Noch am selben Tag versammelten sich 5.000 Menschen auf dem deutschen Botschaftsgelände, die das tschechoslowakische Außenministerium dann ohne Zustimmung der DDR in die Bundesrepublik ausreisen ließ. Der Eiserne Vorhang verlor seine Schutzfunktion immer mehr. So sehr die Ereignisse auf dem Prager Botschaftsgelände eine Schlüsselfunktion für die sich intensivierende Flüchtlingswelle hatte, so sehr steht sie symbolisch für den Kontrollverlust der politischen Instanzen der DDR.

diplomatischen Verhandlungen großzügige Wirtschaftshilfen für den Fall an, dass die ungarische Grenze für DDR-Bürger geöffnet würde. Diese nahm Ungarn gerne an und damit entstand am 11. September 1989 ein Loch im Eisernen Vorhang, über das DDR-Bürger erstmals seit 1961 wieder in die Bundesrepublik flüchten konnten. Ein Präzedenzfall war geschaffen, der auch die in den Botschaften wartenden Ausreisewilligen hoffen ließ.

Während die einen versuchten, der DDR durch Flucht den Rücken zu kehren, besaßen andere den Willen zur Veränderung des Systems von innen heraus. Bereits 1986 waren in der DDR unter dem Schutz der Kirche erste Formen von Bürgerbewegungen entstanden, die für ein neues Verhältnis von Staat und Bürger, für mehr Bürgerrechte und für politische Reformen eintraten. Im Herbst 1989 bildeten sich dann immer neue Bürgerbewegungen wie das ›Neue Forum‹, ›Demokratie Jetzt‹ oder die ›Demokratische Bewegung‹. Ihnen ging es um eine Veränderung der DDR nach dem Vorbild des von der Sowjetunion eingeschlagenen Wegs. Waren die Bürgerbewegungen

anfangs nur kleine Gruppierungen, so half ihnen das freie Mediensystem der Bundesrepublik, eine flächendeckende Wirkung zu entfalten. Indem insbesondere die in der DDR empfangbaren Fernseh-
kanäle der Bundesrepublik die Demonstrationen und Fluchtbewegungen kommentierten und verbreiteten, leisteten sie einen Beitrag
dazu, die strukturelle Unzufriedenheit der DDR-Bürger in konkrete
Handlungen, d. h. noch mehr Demonstranten und Flüchtlinge, umzu-
setzen. Bemerkenswert hieran ist, dass die vierte Gewalt der Bundesrepublik einen spürbaren (wenn auch nicht objektiv messbaren)
Beitrag zu einer Zeit leistete, als die Bundesregierung sich mit offiziellen Kommentaren zur Situation in der DDR zurückhalten musste.

Symbolisch hoch bedeutsam wurde die Einwilligung der SED am
30. September 1989, den wartenden Menschen in der Prager Botschaft die Ausreise zu gestatten. War es eigentlich darum gegangen,
schlechte Presse während der 40. Jahresfeier der DDR Anfang Oktober zu vermeiden, so erzielte die SED genau das Gegenteil. Dass auch
die Botschaften ein Sprungbrett in den Westen sein konnte, nährte
die Hoffnungen der Fluchtbereiten. Binnen weniger Tage füllte sich
die Botschaft wieder, sodass der visafreie Reiseverkehr in die CSSR
eingestellt wurde. Dieser Schritt löste allerdings nicht die Probleme.
Es erschwerte zwar die Flucht, heizte allerdings auch den Protest im
Inneren noch mehr an. Hinzu kamen eine überzogene Selbstinsze-
nierung des Regimes und die offene Kritik von KPdSU-Generalsekretär Michail Gorbatschow am fehlenden Reformwillen in Ostberlin,
die den Unmut weiter schürten und die Bevölkerung zu Flucht und
Protest veranlassten. Eines war in dieser Situation auch klar: Die
SED konnte sich nicht wie noch 1953 darauf verlassen, dass sowjeti-
sche Panzer notfalls die DDR gegen die eigene Bevölkerung stützen
würde. Im Oktober nahm deshalb die Unzufriedenheit innerhalb der
SED mit der Parteiführung so stark zu, dass Erich Honecker seinen
Platz als Generalsekretär räumen musste.

Die SED startete einen panikartig wirkenden Versuch, die Partei
personell, institutionell und inhaltlich umzugestalten, doch die Dynamik der einmal entfesselten Bürgerbewegung konnte nicht mehr
gebremst werden. Vielmehr wirkte die SED in den letzten Tagen des
Oktobers und den ersten Tagen des November 1989 wie in einem

Hans-Dietrich Genscher | 1926–2016

Außenpolitischer Gestalter Europas und der deutschen Einheit

Hans-Dietrich Genscher prägte die deutsche Außenpolitik über fast zwei Jahrzehnte. Von 1974 bis zu seinem auf eigenen Wunsch erfolgten Rücktritt aus Altersgründen im Jahr 1992 nahm er die außenpolitischen Geschäfte des Landes wahr. In seine Amtszeit fielen die deutsche Einheit und der Ausbau der Europäischen Gemeinschaft zur Europäischen Union, die er seit dem Genscher-Colombo-Papier von 1981 und der Forderung nach einer Vertiefung der europäischen Zusammenarbeit substanziell gestaltete. Zu den größten Augenblicken seiner politischen Laufbahn gehörte die Verkündung der Ausreiseerlaubnis für die in der Prager Botschaft harrenden DDR-Bürger am 30. September 1989.

Überlebenskampf. Sie agierte wirr, kopflos und letztlich ohne langfristig tragfähige politische Vision. Am 1. November 1989 führte die DDR die Reisefreiheit in die CSSR wieder ein, die ihrerseits am 3. November die Grenze zur Bundesrepublik für DDR-Bürger öffnete. Der Eiserne Vorhang war damit erneut offen, eine neue Fluchtwelle setzte sich unmittelbar in Bewegung, und auch dieses Mal entspannte sich durch den Aderlass die Gesamtsituation nicht. Die Destabilisierung des Systems setzte sich unvermindert fort, bis am 9. November der Sekretär des Zentralkomitees der SED für Informationswesen, Günter Schabowski, in einer seither legendären Pressekonferenz, die symptomatisch für den wirren Zustand der Partei war, die Öffnung der Mauer verkündete. Als noch am gleichen Abend nach und nach die Grenzübergänge in Berlin die Schlagbäume hochstellten, konnte zum ersten Mal seit mehr als 28 Jahren die Bevölkerung der DDR ungehindert über eine innerdeutsche Grenze in die Bundesrepublik reisen.

Schon am nächsten Tag gab sich die Politprominenz der Bundesrepublik in West-Berlin ein Stelldichein. Trotz aller Euphorie für die Ereignisse kennzeichnete Ungewissheit die Situation. Niemand wusste, wohin die Reise der DDR gehen würde und niemand wollte sich zu früh mit nationalen Parolen positionieren. Wie die alliierten Siegermächte reagieren würden, die immer noch die Gesamtverantwortung für Berlin innehatten und noch keinen Friedensvertrag mit Deutschland nach dem Zweiten Weltkrieg geschlossen hatten, war nicht abzusehen. Eines aber war allen Beteiligten – bundesdeutschen Politikern wie DDR-Bürgerrechtlern – klar: Die Staatlichkeit Deutschlands musste fortan noch fester in Europa verankert werden. Und noch eine Sache zeichnete sich alsbald ab. In beiden deutschen Staaten breitete sich eine Einigungseuphorie aus, ohne dass diese schon von konkreten Vorstellungen ausging, wie diese Einheit denn aussehen könne.

In der DDR selbst nahm niemand das Heft des Handelns in die Hand. Die SED zerfiel vielmehr in ungeahntem Tempo. Egon Krenz hielt sich als Nachfolger von Erich Honecker gerade einmal sieben Wochen im Amt, andere Funktionäre traten zurück, setzten sich in den Westen ab oder wurden aus der Partei ausgeschlossen. Sogar

Die Maueröffnung

»Deshalb haben wir uns dazu entschlossen, heute eine Regelung zu treffen, die es jedem Bürger der DDR möglich macht, über Grenzpunkte der DDR auszureisen.« Mit diesem auf einer der ersten Pressekonferenzen des SED-Politbüros überhaupt geäußerten Ausspruch des Sekretärs für Informationswesen Günter Schabowski wurde am 9. November 1989 um 19.00 Uhr der vielleicht entscheidende Startschuss für die Maueröffnung gegeben. Die Pressekonferenz, die sich zuvor schon über eine Stunde hingezogen hatte, erhielt mit Schabowskis Äußerung eine ungeahnte Dramatik und Dynamik. Auf weitere Nachfragen der anwesenden Journalisten blätterte Schabowski planlos wirkend in einem Stapel Zettel, den er zuvor vom neuen SED-Generalsekretär Egon Krenz erhalten hatte. Darin enthalten war ein Entwurf über eine Übergangsregel für die ständige Ausreise aus der DDR, die kurzfristig um Passagen über private Reisen mit Rückkehr in die DDR erweitert worden war. Die DDR-Führung hoffte so, die Flucht über Drittstaaten zu unterbinden. Jedoch übersah Schabowski den Vermerk einer Sperrfrist, nach der die Nachricht eigentlich erst am nächsten Morgen über den DDR-Rundfunk verbreitet werden sollte. Stattdessen verkündete er etwas zögerlich der versammelten Weltpresse: »Das trifft meiner Kenntnis ... ist das sofort, unverzüglich.«

Westliche Medien griffen die Sensationsnachricht sofort auf. Insbesondere die Fernsehsender der Bundesrepublik, die in den meisten Teilen der DDR empfangbar waren, lösten durch die Verbreitung der Nachricht einen Ansturm auf die noch nicht geöffneten Grenzübergänge aus, an denen völlig unvorbereitete Grenzbeamte in eine schwierige Situation gerieten. Sie trotzten vor geschlossenen Grenzzäunen als Repräsentanten eines restriktiven Staates unwissend und mit ausbleibenden Befehlen einer anströmenden Masse, die sich auf verwirrende Nachrichtenmeldungen berief, die ausgerechnet vom höchsten Organ des Staats verkündet worden waren. Als dann um 23.30 Uhr der Oberstleutnant Harald Jäger am Berliner Übergang Bornholmer Brücke ohne diesbezügliche Befehle den Schlagbaum öffnete, war die innerdeutsche Grenze erstmals seit August 1961 wieder ungehindert passieren. Die Hoffnung des neubesetzten SED-Politbüros, die Grenzöffnung kontrolliert hinzubekommen, zerschlugen sich jäh. Stattdessen war die DDR-Führung mit chaotischen Verhältnissen konfrontiert, die als symbolisch für ihre eigene Handlungsfähigkeit interpretiert wurden. Ob es bei der geplanten Öffnung der Grenze am Morgen des 10. November zu einem geringeren Ansturm gekommen wäre, lässt sich nicht beurteilen. Die Dramatik, mit der die Mauereröffnung erfolgt ist, und die suggerierte Planlosigkeit der DDR-Führung wären jedenfalls geringer gewesen, wenn das Grenzpersonal vorbereitet gewesen wäre.

Der Notizzettel von Günter Schabowski

ehemals staatstragende Institutionen wie die Stasi waren in erster
Linie damit beschäftigt, die Spuren der eigenen Tätigkeit verschwinden zu lassen, um den Übergang in neue politische Umstände möglichst unbeschadet zu überstehen. Die Bürgerbewegung zeigte derweil wenig Interesse daran, die Regierung zu übernehmen, und auch
die ehemaligen Blockparteien waren zunächst damit beschäftigt, die
eigene Transformation zu meistern, was v. a. bedeutete, dass sie die
Parteiprogramme ihrer bundesrepublikanischen Gegenstücke übernahmen.

Einer der großen politischen Momente von Bundeskanzler Helmut
Kohl war es, in dieser Situation der Ungewissheit mit einem politischen Konzept nach vorne zu preschen. Er legte dem Bundestag am
28. November einen 10-Punkte-Plan vor, für den er sich lediglich die
Rückendeckung von US-Präsident George Bush eingeholt hatte. Der
Kanzler ging ein hohes Risiko ein, stieß er doch Parteigenossen ebenso wie die Regierungschefs wichtiger Partnerländer wie Frankreich
und Großbritannien vor den Kopf. Nichtsdestotrotz gelang ihm ein
zentraler Richtungsentscheid mit Blick auf die deutsche Einheit. Der
10-Punkte-Plan schlug konföderative Strukturen vor, an deren Ende
der föderale Zusammenschluss stehen sollte. Die Einbindung in den
Europäischen Einigungsprozess und den KSZE-Prozess flankierten
die innerdeutsche Lösung. Kohls Plan lebte vom Überraschungsmo-
ment. Er überrumpelte die potentiellen Gegner einer deutschen Wiedervereinigung und ließ ihnen wenig Zeit, sich abzusprechen oder eigene Positionen argumentativ zu unterfüttern. Insbesondere die SPD
um ihren Kanzlerkandidaten Oskar Lafontaine zerrieb sich in dieser
Situation. Demgegenüber schaffte es Kohl, die Gefühle der Menschen
zu treffen, ohne dabei die Erwartungen allzu hoch zu schrauben oder
die zentralen Akteure im europäischen Ausland zu verprellen.

Was lange ungewiss blieb, war die Reaktion der Sowjetunion auf
die Entwicklungen in der DDR, was umso prekärer war, als die Rote
Armee mit 400.000 Soldaten und einsatzbereiten Nuklearspreng-
köpfen auf dem Territorium der DDR stationiert war. Insofern war
es ein wichtiger Türöffner, als die Sowjetunion Ende Januar 1990 einen radikalen Kurswechsel vollzog und erklärte, dass sie dem Willen der DDR-Bürger nicht im Wege stehen werde, wenn diese die

Helmut Kohl | 1930–2017

Architekt der Einheit im europäischen Föderalverbund

CDU

Amtszeit: 1. Oktober 1982 – 27. Oktober 1998

Biografisches:
- Geboren am 3. April 1930 in Ludwigshafen
- 1947 Mitbegründer der Jungen Union Ludwigshafen
- 1958 Promotion der Geschichtswissenschaft
- 1959–1969 Referent beim Verband der Chemischen Industrie
- 1966–1974 Landesvorsitzender der CDU Rheinland-Pfalz
- 1969–76 Ministerpräsident von Rheinland-Pfalz
- 1973–1998 Bundesparteivorsitzender der CDU
- 1976 Abgeordneter für Ludwigshafen/Frankenthal im Bundestag
- Gestorben am 16. Juni 1982 in Ludwigshafen

Wahlslogans:
- 1983: »Arbeit, Frieden, Zukunft. Miteinander schaffen wir's«
- 1987: »Entscheidung für Deutschland«
- 1990: »Umkehr in die Zukunft«
- 1994: »Sicher in die Zukunft«
- 1998: »Weltklasse für Deutschland«

Wiedervereinigung wünschen würden. Allerdings machte die Sowjetunion militärische Neutralität zur Grundbedingung. Es war somit zu einer Situation gekommen, in der die Sowjetunion die Neutralität und der Westen die NATO-Mitgliedschaft forderten. Allerdings waren die Rahmenbedingungen 1990 deutlich andere als noch in den 1940er-Jahren, wo eine ähnliche Alternative schon einmal zur Diskussion stand. Diesmal war die Bundesrepublik politisch akzeptiert und wirtschaftlich stark, die Sowjetunion und die DDR hingegen waren wirtschaftlich angeschlagen. Der Abzug der Roten Armee war für die Sowjetunion auch aus wirtschaftlicher Perspektive höchst interessant, während sich die Bundesrepublik die DDR ohnehin bereits über die Wirtschaftsordnung und die Währungsunion einzuverleiben drohte, sodass die Einheit sich abzeichnete, bevor die internationalen Verhandlungen überhaupt zu Ergebnissen kamen. Im Februar und März 1990 wurde immer klarer, dass weder die Sowjetunion noch die DDR sich mit eigenen Vorstellungen in den 2+4-Verhandlungen durchsetzen konnte. Wirtschaftlich ausgeblutet und mit großzügigen Wirtschaftshilfen der Bundesregierung ausgestattet, stimmten sie allmählich einem Beitritt der DDR zur Bundesrepublik nach Art. 23 des Grundgesetzes zu, womit freilich die NATO-Mitgliedschaft einherging. Die 2+4-Verträge legten schließlich noch die Grenzen der Bundesrepublik endgültig fest, gliederten Berlin offiziell in die Bundesrepublik ein und regelten die (Rest-)Präsenz der Alliierten auf deutschem Boden.

Die erste freie DDR-Wahl am 18. März wurde schnell zur Politshow westdeutscher Politiker, womit auch die letzten Hoffnungen der Bürgerbewegungen platzten, die DDR von innen heraus umzugestalten. Der überragende Wahlsieg der CDU bei dieser Wahl war denn auch ein Plebiszit für das Modell Bundesrepublik. Im April wurden dann die Verhandlungen über die konsequente Angleichung der DDR an die Bundesrepublik aufgenommen. Damit gliederte sich die DDR aber nicht nur in die Bundesrepublik, sondern eben auch in die europäischen Föderalstrukturen ein. Am 21. Juni 1990 wurde schließlich ein Staatsvertrag über die Wirtschafts-, Währungs- und Sozialunion unterschrieben, der zum 1. Juli offiziell in Kraft trat. Mit dem 3. Oktober 1990 wurde die DDR dann endgültig zu einem Teil der

Lothar de Maizière | geb. 1940

Totengräber der DDR

Lothar des Maizières politische Karriere dauerte kaum mehr als zwei Jahre, dennoch reichte dieser kurze Zeitraum aus, um als letzter Ministerpräsident und Außenminister der DDR in die Geschichte einzugehen. In der ersten Gesamtdeutschen Regierung von Bundeskanzler Kohl bekleidete er zwar noch das Amt des Bundesministers für besondere Aufgaben, doch schon im September 1991 trat er wegen des Vorwurfs einer angeblichen Stasi-Tätigkeit von allen politischen Ämtern zurück.

Bundesrepublik, damit waren fortan alle Angelegenheiten auf dem
Territorium der DDR solche der Bundesrepublik. Die ersten gesamtdeutschen Wahlen sollten dann am 2. Dezember 1990 stattfinden. Der
vielleicht letzte formale Akt der Einheit war die Abstimmung über
die Hauptstadtfrage am 20. Juni 1991, bei dem Berlin knapp mit 338
zu 320 Stimmen über Bonn obsiegte. Bemerkenswerterweise war
dies eines der wenigen Ereignisse auf dem Weg zur deutschen Einheit, bei dem die Abgeordneten aus den Westen, die mehrheitlich für
Bonn votierten, sich in der Gesamtrechnung dem klaren Votum für
Berlin aus den Ländern der ehemaligen DDR beugen mussten.

Die deutsche Wiedervereinigung im Rahmen der festeren Einbindung in das europäische Föderalsystem stellte einen ambivalenten
souveränitätsrechtlichen Schritt dar. Die Erlangung von außenpolitischer Souveränität von den alliierten Siegermächten des Zweiten
Weltkriegs ging einher mit einer Abgabe von Souveränitätsrechten an
die Europäische Union. Gleichzeitig erhielten die Bundesländer mehr
Mitgestaltungsspielräume an der EU-Politik, was sie dazu veranlass-
te, eigene ›diplomatische‹ Vertretungen in Brüssel zu errichten.

III. Bundesrepublikanische Innenpolitik

Vor der deutschen Einheit hatte auch die alte Bundesrepublik in den
1980er-Jahren ihr Antlitz grundlegend geändert. Ein Eckdatum der
Entwicklung war der 1. Oktober 1982, als Helmut Kohl nach einem
Misstrauensvotum im Bundestag die Regierungsgeschäfte von Helmut Schmidt übernahm. Die FDP hatte zuvor ihre programmatische
Nähe wieder stärker bei der CDU gesehen und damit die sozialliebe-
rale Koalition aufgekündigt. Kaum jemand ahnte, welch fundamentale Transformationen am Ende des Jahrzehnts die Bundesrepublik
herausfordern würden. Hatte sich die DDR nach ihrer ›Anerkennung‹ in den 1970er-Jahren als eigenständiger Staat gefestigt und
diskutierte die EG über Milchseen und Butterberge als Folge einer
ausufernden gemeinschaftlichen Agrarpolitik, so richtete sich die
innenpolitische Aufmerksamkeit der Bundesregierung zunächst auf
die Erholung von den wirtschaftlichen Krisen der 1970er-Jahre.

Hatten bereits die 1970er-Jahre unter dem Vorzeichen des wirtschaftlichen Strukturwandels gestanden, so setzte sich dieser in den
1980er-Jahren ungebremst fort. Besonders das Ruhrgebiet verlor
endgültig seine Bedeutung als industrielles Herz Deutschland. Der
Kampf und die Proteste um den Abbau von Arbeitsplätzen im Stahl-
werk Duisburg-Rheinhausen wurde im November/Dezember 1987
zum Symbol des Endes einer Ära. Am Ende der 1980er-Jahre waren
nur noch 41 % der Beschäftigten im sekundären Sektor tätig, während der tertiäre Sektor 55 % umfasste. Die Landwirtschaft wurde
für die Beschäftigtenzahlen mit 4,2 % prozentual unbedeutend, nicht
jedoch in ihrer gesellschaftlichen Bedeutung. Im Zuge des Strukturwandels stieg die Arbeitslosigkeit stark an und erreichte in der Bundesrepublik vorher unbekannte Rekordhöhen. Die neue Ölkrise zu
Beginn der 1980er-Jahre sorgte dann für einen erneuten Anstieg der
Sockelarbeitslosigkeit, d. h. insbesondere aus der Arbeiterschaft re-
krutierte sich ein Erwerbslosenpotential, welches trotz Fortbil-
dungsmaßnahmen etc. kaum mehr abgebaut werden konnte. Im
Jahr 1985 erreichte die Arbeitslosigkeit einen Höchstwert von 9,3 %
oder ca. 2,3 Millionen Arbeitslosen.

Einen Weg zu größerer wirtschaftlicher und gesellschaftlicher
Dynamik versprach in dieser Zeit die Denkrichtung des Neoliberalismus, die eng mit dem Namen Milton Friedman und der sogenannten Chicagoer Schule verbunden ist. Sie ging von der traditionellen
liberalen Grundüberzeugung aus, dass der einzelne Mensch in seinen Entscheidungen nutzbringender sei als der Staat. Friedman und
Schüler forderten einen massiven Umbau des Staats, der von den
USA ausgehend national wie international implementiert wurde.
Der Neoliberalismus resultierte in weltwirtschaftlichem Freihandel,
in einem Umbau der staatlichen Wirtschaftsordnung mitsamt einer
Reduktion der Staatsquote und der staatlichen Tätigkeit, einer weit-
gehenden Liberalisierung der nationalen Märkte, der Privatisierung
staatlicher Unternehmen und der Verhinderung von Missbrauch
durch Monopolbildung. Insgesamt erforderten die neoliberalen Reformen nicht weniger als eine (partielle) Neudefinition der staatlichen Aufgaben, die auch in der Bundesrepublik in den 1980er-Jah-
ren angegangen wurden.

Otto Graf Lambsdorff | 1926–2009

Triebfeder neoliberaler Umgestaltung

Mit seiner als ›Lambsdorff-Papier‹ bekannt gewordenen wirtschaftspolitischen Schrift ›Konzept für eine Überwindung der Wachstumsschwäche‹ läutete Otto Graf Lambsdorff 1982 den Bruch der sozialliberalen Koalition nach 13 gemeinsamen Regierungsjahren ein.
Nachdem FDD und SPD in Wirtschaftsfragen wegen der zunehmend
neoliberalen Grundausrichtung der Liberalen nicht mehr mit einer
keynesianistisch orientierten SPD zusammenarbeiten konnte und
wollte, trat Lambsdorff wie seine FDP Ministerkollegen zurück, um
nach dem erfolgreichen konstruktiven Misstrauensvotum gegen Helmut Schmidt in der neuen Regierung von Helmut Kohl erneut das
Amt des Wirtschaftsministers zu übernehmen.

In der Bundesrepublik fand die neoliberale Wende der frühen 1980er-Jahre in dem Regierungswechsel vom 1. Oktober 1982 seinen Niederschlag. Vom neuen Bundeskanzler, Helmut Kohl, zur ›geistig-moralischen Wende‹ erhoben, erfolgte mit dem Regierungswechsel eine Hinwendung zu neoliberalen Konzepten. Die Vorlage des ›Konzepts für eine Politik zur Überwindung der Wachstumsschwäche und zur Bekämpfung der Arbeitslosigkeit‹ durch FDP-Wirtschaftsminister Otto Graf Lambsdorff wurde zum Scheidungsdokument der sozialliberalen Koalition und leitete den Regierungswechsel erst ein. Gleichzeitig vollzog sich in gewisser Hinsicht auch eine konservative Wende hin zu traditionellen Werten. Inhaltlich sollte es um die Konsolidierung des Haushalts, um Anreize zu arbeitsplatzfördernden Maßnahmen, um die Eindämmung der Sozialstaatskosten und um die Deregulierung nach innen wie außen gehen. Reformprojekte wie die Privatisierung der Bundespost und der Bundesbahn, die dem Staat viel Geld in die Kasse spülten und ihn von einem enormen Beamtenapparat befreiten, machten den Anfang. Wenngleich viele Aspekte des Konzepts in den 1980er-Jahren angegangen wurden, so erfolgte die konsequente Umsetzung zentraler Punkte des neoliberalen Ansatzes erst unter der rotgrünen Regierung von Gerhard Schröder zu Beginn der 2000er-Jahre.

Neben der Einnahmesteigerung durch Privatisierungserlöse strebte die Bundesregierung ebenso danach, die Sozialausgaben wieder zu senken oder zumindest den exponentiellen Anstieg der 1970er-Jahre wieder zu bremsen. Hinzu kam, dass sich die Prämissen des deutschen Sozialstaatsmodells in den 1980er-Jahren verschoben hatten, da sich Familien- und Altersstruktur änderten, Arbeitsverhältnisse sich flexibilisierten, Frauen immer öfter erwerbstätig wurden und eine Sockelarbeitslosigkeit zur Normalität wurde. Es galt, die Sozialversicherungen finanziell zu konsolidieren und institutionell zu reformieren, wobei die Reform der Rentenversicherung einmal mehr herausstach. Ziele der Reform, für die Arbeitsminister Norbert Blüm die vielzitierten Worte fand, ›die Rente sei sicher‹, waren die Begrenzung des Anstiegs des Beitragssatzes, die langfristige Stabilität des Systems und ein Übergang zu einheitlichen Regelaltersgrenzen. Dazu mussten eine Reihe von Kürzungen vor-

Duisburg-Rheinhausen:
Symbol des wirtschaftlichen Strukturwandels

Schon Ende des 19. Jahrhunderts war Duisburg-Rheinhausen von Friedrich Alfred Krupp als Standort für ein Hüttenwerk ausgewählt worden, weil es die Nähe zu günstigen Transportachsen mit der Nähe zu Kohlelagerstätten verband. Das Werk beschäftigte in seinen Höchstzeiten in den 1960er-Jahren nahezu 16.000 Menschen, bevor der langsame Niedergang begann. Mit dem Strukturwandel und der Stahlkrise geriet der Stahlstandort Duisburg-Rheinhausen in den 1970er-Jahren in wirtschaftliche Schwierigkeiten, da nicht mehr konkurrenzfähig für den internationalen Markt produziert werden konnte. 1982 wurde das Walzwerk geschlossen, im November 1987 folgte die Ankündigung, das restliche Werk mit seinen verbliebenen 6.000 Mitarbeitern endgültig zu schließen. Gewerkschaften und Belegschaft beantworteten dies mit einem medial inszenierten Arbeitskampf. Mahnwachen wurden gehalten, infrastrukturelle Knoten blockiert und die Villa Hügel, der Stammsitz der Firma Krupp in Essen, besetzt. Wenngleich durch politische Interventionen die Werksschließung bis 1993 verzögert werden konnte, war der Untergang der Branche längst besiegelt. Duisburg-Rheinhausen steht als Symbol für das Ende des Wirtschaftsmotors Ruhrgebiet und die Unabwendbarkeit eines grundlegenden wirtschaftsstrukturellen Wandels, in dessen Folge Bergbau und Stahlindustrie aus dem Ruhrgebiet verschwanden.

Stahlarbeiter protestieren gegen die Schließung des Stahlwerkes in Duisburg-Rheinhausen, November 1987

genommen werden, indem u. a. die Rentenerhöhungen an die Net-
tolöhne und nicht länger an die Bruttolöhne angepasst wurden, nur
noch die ersten vier Versicherungsjahre mit 90 % des Durchschnitts-
einkommens aller Versicherten bewertet wurden und die schuli-
schen Anrechnungszeiten gekürzt wurden.

Weitere Reformprojekte gingen dann aber im Strudel der Wiedervereinigung unter und sahen sich in den frühen 1990er-Jahren
mit neuen Realitäten konfrontiert, nachdem die DDR-Bürger in die
Sozialversicherungssysteme ebenso integriert wurden wie Spätaus-
siedler und Flüchtlinge aus dem ehemaligen Ostblock. Erst Ende der
1990er-Jahre setzten dann die Reformen der Sozialsysteme (als Teil
der Agenda 2010) wieder ein, die den Sozialstaat und damit das Verhältnis von Staat und Bürger nachhaltig veränderten und die Verantwortung für die individuelle Absicherung wieder stärker in die
Hände des Bürgers legte. Es erfolgte dann der konsequente Rückzug
aus der staatlichen Verantwortung und Generalversorgung, wie sie
mit der Sozialpolitik der 1970er-Jahre aufgebaut worden war.

Innenpolitisch bedeutsam waren Verschiebungen im Parteisys-
tem, da in den 1980er-Jahren die Neuen Sozialen Bewegungen und
damit die politische Kultur der Teilhabe im politischen System der
Bundesrepublik ankamen. Die Gründung der Partei ›Die Grünen‹ im
Januar 1980 vereinte die Umweltbewegung und andere Bewegungen
in einer Partei, die erstmals nicht nur den außerparlamentarischen
Weg der politischen Einflussnahme suchte, sondern über Wahlen in
Parlamente einzog. Bereits 1983 wurden die Grünen in den Bundestag gewählt, 1985 gelangten sie in Hessen erstmals in Regierungsverantwortung. Mit der Ernennung von Joschka Fischer zum grünen
Umweltminister ließ sich erstmals eine direkte personelle Verbin-
dungslinie von der Außerparlamentarischen Opposition (APO) bis
hin zur Parlamentspartei der Grünen ziehen. Die Partei musste während der gesamten 1980er-Jahre sich selbst und ihre programmatische Ausrichtung suchen und debattieren, weil sich in ihr viele Strömungen vereinten. Dennoch bewirkte sie eine bedeutende Veränderung im Parteiensystem, weil sie der FDP das Monopol darauf nahm,
durch Koalitionsaussagen einer der beiden Volksparteien zur Regierungsmehrheit zu verhelfen. Selbst wenn es noch bis ins Jahr 1998

Joschka Fischer | geb. 1948

Vorkämpfer grüner Regierungsbeteiligung

Joschka Fischer stand an der Spitze der Etablierung der Neuen Sozialen Bewegungen als Partei ›Die Grünen‹ im politischen System der Bundesrepublik. Ob als Parlamentarischer Geschäftsführer nach der Bundestagswahl (1983), als Staatsminister für Umwelt und Energie in Hessen (1985) oder als Außenminister und Vizekanzler der rot-grünen Regierung sollte Fischer jeweils die wichtigste Identifikationsperson der Partei über zwei Jahrzehnte bleiben. Mit der Entscheidung für die deutsche Beteiligung am Kosovo-Krieg zwang er den Aktivisten der Friedensbewegung in Reihen der Grünen eine harte Entscheidung auf, welche die Partei intern stark spalten sollte.

dauern sollte, bis die Grünen auch auf Bundesebene Regierungsverantwortung übernehmen sollten, so bestand doch seit Mitte der
1980er-Jahre eine echte Alternative für die Regierungsbildung. Der
Wahlsieg von SPD und Grünen im Jahr 1998 war dann auch der erste Regierungswechsel in der Geschichte der Bundesrepublik, der alleine durch Wahlen und nicht die Koalitionsaussagen der FDP bewirkt wurde.

Die frühen 1990er-Jahre standen innenpolitisch unter den Vorzeichen der Wiedervereinigung und einer Zeit wirtschaftlicher Stagnation, die insbesondere die neuen Bundesländer betraf. Diese
stellten ohnehin eine wirtschaftsstrukturelle Herausforderung dar,
musste die Bundesrepublik hier doch mit den Folgen der zu DDR-
Zeiten unterlassenen Rationalisierung und Modernisierung der Industrie kämpfen. Viele Produktionsstätten waren hoffnungslos veraltet und konnten nur noch stillgelegt werden. Die Raumordnung der
Wirtschaft brach in den neuen Ländern der Bundesrepublik komplett zusammen, gleichzeitig schossen die Arbeitslosenzahlen dramatisch in die Höhe: von 2,7 % (1990) über 14,8 % (1992) auf 19,5 %
(1998). Wenngleich die Bundesregierung viel Geld in den Ausbau und
die Erneuerung der Infrastruktur steckte und auch ansonsten die
Wirtschaft förderte, konnte sie nicht verhindern, dass eine zwei Jahrzehnte andauernde Wirtschaftsstrukturkrise in weiten Bereichen
der ehemaligen DDR einsetze, die erst allmählich und nur in einigen
Regionen und Ballungszentren überwunden werden konnte.

Hatte Bundeskanzler Helmut Kohl im Frühjahr und Sommer 1990
›blühende Landschaften‹ versprochen und ein dementsprechend
positives Wählerecho erhalten, so setzte bei der DDR-Bevölkerung
recht bald Resignation ein. Wenngleich Kohl die zeitliche Perspektive seiner Versprechung bewusst offengehalten hatte, konnte er
nicht verhindern, dass eine sich nach Wirtschaftswachstum und
Konsum sehnende Bevölkerung der ehemaligen DDR sehr bald in
›blühenden Landschaften‹ wohnen wollte. Die Frustration über die
wirtschaftlichen und sozialen Entwicklungen in den neuen Bundesländern entlud sich deshalb bereits in den Jahren 1991 bis 1993 in einer Reihe fremdenfeindlicher Ausschreitungen, bei denen mehrere
Asylbewerberheime, u. a. in Hoyerswerda, in Brand gesetzt wurden.

Gerhard Schröder | geb. 1944

Reformer bundesrepublikanischer Wirtschafts– und
Gesellschaftsstrukturen

SPD
Amtszeit: 27. Oktober 1998 – 22. November 2005

Biografisches:
- Geboren am 7. April 1944 in Mossenberg-Wöhren bei Blomberg
- 1963– Mitglied der SPD
- 1976 zweites Staatsexamen der Rechtswissenschaften
- 1978–80 Bundesvorsitzender der Jusos
- 1980–86 Abgeordneter für Hannover im Bundestag
- 1986–90 Fraktionsvorsitzender und Oppositionsführer im Nieder-
  sächsischen Landtag
- 1990–98 Ministerpräsident von Niedersachsen

Wahlslogans
- 1998: »Deutschland braucht einen neuen Kanzler. Ich bin bereit«
- 2002: »Der Kanzler der Mitte«
- 2005: »Vertrauen in Deutschland«

Doch nicht nur das wirtschaftsstrukturelle Erbe der DDR, auch die fehlende Anpassung an die Rahmenbedingungen offener globaler Märkte resultierten in einer Rezession, die Helmut Kohl bei der Bundestagswahl 1998 schließlich sein Amt kosteten. Nicht nur hatte Helmut Kohl nach der Meinung vieler Wähler nach 16 Jahren Kanzlerschaft seinen Zenit überschritten. Auch hatte er die Bundesrepublik nicht konsequent auf den Wettbewerb zwischen Staaten und zwischen Unternehmen in der EU und der Weltwirtschaft eingestellt, der massive Reformen bei Fragen der Arbeitskosten, der Qualifikation, der Steuern und der Sozialsysteme erforderte. Die unpopuläre Aufgabe, grundlegende Reformen vorzunehmen, die auch die sozialstaatlichen Transfers beschneiden und verändern würden, fiel dann nach 1998 der rotgrünen Regierung von Bundeskanzler Gerhard Schröder zu. Viele andere Regierungen Europas, v. a. in Großbritannien, den skandinavischen Staaten oder den Staaten des ehemaligen Ostblocks hatten zu dieser Zeit derartige Reformen längst eingeleitet. Die Regierung Schröder legte aufgrund der Dringlichkeit ihrer Aufgaben bereits 2000 eine grundlegende Steuerreform als erste Maßnahme vor, 2003 folgte mit der sogenannten ›Agenda 2010‹ die Reform der Sozial-, Renten- und Gesundheitspolitik, der wiederum nur ein Jahr später eines der umfassendsten Reformpakete der Bundesrepublik mit der Reform des Arbeitsmarkts (Hartz IV) folgte. Alle Maßnahmen zusammengenommen machten den Standort Deutschland im internationalen Vergleich wieder günstiger und flexibler.

Die Einschnitte dieses Reformprogramms erwiesen sich in der Folge als so gravierend, dass sie die Regierungsparteien und die Bevölkerung extrem spalteten und zu massiven Rückgängen der Wählerstimmen führten, sodass die SPD eine Reihe von Niederlagen bei Landtagswahlen einstecken musste. Kanzler Schröder verlor daraufhin eigens einberufene Neuwahlen des Bundestags und übergab die Regierungsgeschäfte im September 2005 an die neue Bundeskanzlerin, Angela Merkel, die in den Folgejahren von den positiven Auswirkungen des Reformprogramms profitieren konnte.

IV. Staatlichkeit im europäischen Mehrebenensystem

Nachdem die 1970er-Jahre die letzte Hochphase des Nationalstaats gesehen hatten, sollte der Ausbau der europäischen Föderalstrukturen in den 1980er-Jahren als Reaktion auf eine sich verändernde Welt massiv vorangetrieben werden. Dies sollte auch die Grundlagen bundesrepublikanischer Staatlichkeit fundamental verändern. Den Auftakt machten die Genscher-Colombo-Initiative, die 1983 die Europäische Politische Zusammenarbeit und institutionelle Reformen der EG wieder ins Gespräch brachten, und das Europäische Parlament, das einen Entwurf zur Umwandlung der Europäischen Gemeinschaft in eine Europäische Union annahm. Einen tatsächlich qualitativen Sprung bewirkte dann das ›Weißbuch Binnenmarkt‹ der EG-Kommission unter Präsident Jacques Delors. Es zielte auf die Vollendung des Binnenmarkts durch ein umfassendes Paket an Einzelmaßnahmen ab, mit dem u. a. die vielen noch bestehenden nichttarifären Handelshemmnisse abgebaut werden sollten. Im Dezember 1985 beschloss der Europäische Rat mit der ›Einheitlichen Europäischen Akte‹ (EEA) eine Reihe von institutionellen Reformen und politischen Beschlüssen, die die Zusammenarbeit vertieften und sich direkt auf die Staatlichkeit der Bundesrepublik auswirkten. Dazu gehörte u. a. die Einführung der qualifizierten Mehrheit zur Angleichung von Verwaltungs- und Rechtsvorschriften im Rat. Inhaltlich erweiterte die EG ihre Zuständigkeit auf neue Politikfelder wie Forschung, Technologie, Umwelt und Sozialpolitik, sie führte eine Hymne und eine Flagge als Identitätsmerkmale ein und legte die Realisierung des Binnenmarkts zum 1. Januar 1993 fest.

Die EEA war ein entscheidender Schritt aus der institutionellen Starre der 1970er- und frühen 1980er-Jahre heraus, ohne den die Umwandlung zur Europäischen Union wohl nicht möglich gewesen wäre. Allerdings scheiterten zu dieser Zeit auch ambitionierte Projekte wie der Kommissionsplan über die Errichtung einer gemeinsamen Währung oder eine weiter reichende politische Zusammenarbeit. Hierzu sollte dann die deutsche Wiedervereinigung die Initialzündung geben. Der vielleicht wichtigste Schritt auf dem Weg zu einem

europäischen Föderalmodell wurde schließlich durch die Befürch-
tung genährt, die Bundesrepublik könne nationale Alleingänge tätigen, die zum Nachteil anderer Europäer würden. Im Vertrag von
Maastricht (1992), der symbolisch bedeutsam die Europäische Gemeinschaft in Europäische Union umbenannte, wurde deshalb die
politische Struktur durch den Europäischen Rat verändert, die politische und justizielle Zusammenarbeit sowie gemeinsame Außen-
und Sicherheitspolitik hinzugefügt und das Subsidiaritätsprinzip
eingeführt, nach dem die rechtliche Zuständigkeit der EU in geteilten Rechtsbereichen nur gilt, wenn Maßnahmen auf unteren Ebenen nicht ausreichend verwirklicht werden können. Dies untermauerte einmal mehr die enge Verflechtung der Bundesrepublik und der
Europäischen Union, die kaum noch klare staatsrechtliche Abgren-
zungen besaßen.

Mit den Verträgen von Amsterdam (1997) und Nizza (2001) vertiefte und erweiterte sich das europäische Föderalmodell immer
mehr und bettete die Bundesrepublik immer enger ein. Auch das
Schengen-Abkommen, welches die Grenzkontrollen beseitigte und
damit als ein sichtbarer Eingriff in die staatliche Souveränität der
Bundesrepublik angesehen werden kann, wurde nun Teil des EU-
Rechts. In vielen Politikbereichen waren Bundestag und Bundesrat
seit den 1990er-Jahren zu einem Gutteil damit beschäftigt, deutsches
Recht an europäische Richtlinien und Verordnungen anzupassen.
Überhaupt weiteten sich die rechtlichen Interdependenzen und die
Einbettung der bundesrepublikanischen Judikative in die europäische massiv aus. Schon 1963 und 1964 hatte der Europäische Gerichtshof (EuGH) zentrale Urteile gefällt, als er den EWG-Bürger zum
Rechtssubjekt erklärte und den Vorrang von Gemeinschaftsrecht vor
nationalem Recht festlegte. Infolge der Zunahme der rechtlichen
Verflechtung innerhalb der EU wurde auch die europäische Ge-
richtsbarkeit oberhalb der bundesrepublikanischen ausgebaut. 1989
wurde als erster Schritt ein Gericht erster Instanz, das heutige Europäische Gericht geschaffen, um den EuGH zu entlasten. Eine weitere innere Ausdifferenzierung des Europäischen Gerichts erfolgte
im Jahr 2001, das nun potentiell Fachgerichte einsetzen durfte, um
die gestiegene Arbeitsbelastung zu bewältigen.

Wie sehr die europäische Rechtsprechung die Bundesrepublik und ihre Staatlichkeit veränderte, zeigt sich in einer Reihe von markanten Urteilen. Zu den prominentesten gehört das »Kreil«-Urteil aus dem Jahr 2000, bei dem die deutsche Elektrikerin Tanja Kreil gegen das deutsche Recht klagte, da das deutsche Grundgesetz nach Artikel 12a Frauen vom Dienst an der Waffe ausschloss. Kreil sah in der deutschen Rechtslage einen Widerspruch zur Zweiten Gleichstellungsrichtlinie der EWG von 1976, nach der »keine unmittelbare oder mittelbare Diskriminierung auf der Grundlage des Geschlechts« erfolgen durfte. Der EuGH urteilte schließlich, dass das deutsche Grundgesetz nicht mit der EU-Richtlinie vereinbar sei und Frauen der Dienst an der Waffe erlaubt werden müsse. Das Urteil wurde sehr kontrovers diskutiert, weil der EuGH damit in deutsches Grundgesetz und mit der Verteidigung in ein Politikfeld eingriff, welches nicht im EU-Recht verankert war. Nichtsdestotrotz beugte sich die Bundesregierung dem Urteil, sodass zum 1. Januar 2001 die ersten 244 Frauen den Dienst in den Truppenteilen der Bundeswehr antreten konnten.

Wie die EU sich neuer Rechtsbereiche annahm und dabei auch Impulse aus den Mitgliedsstaaten aufgriff, zeigte sich am Umweltrecht. Die Europäische Gemeinschaft wandte sich dem Thema erstmals infolge der Stockholmer Umweltkonferenz von 1972 zu, als die Staats- und Regierungschefs die Ausarbeitung eines umweltpolitischen Aktionsprogramms beschlossen. Über die Einheitliche Europäische Akte und die Verträge von Maastricht und Amsterdam wurde es dann als primäres Vertragsrecht verankert. Die Erweiterung der Zusammenarbeit um die Umweltpolitik war auch ein Anliegen von Kohl und Mitterand, als sie 1990 über die deutsche Einheit verhandelten. Seitdem ist ein komplexes europäisches Umweltrecht entstanden. Viele nationalstaatliche Regelungen gehen seitdem auf EU Verordnungen und Richtlinien zurück, wie die Flora-Fauna-Habitat-Gebiete (FFH-Gebiete) auf die Richtlinie 92/43/EWG. Ziel der Richtlinie, die einen massiven Eingriff in deutsches Recht bedeutet, war der Schutz wildlebender Arten, deren Lebensräumen und die europaweite Vernetzung dieser Lebensräume. Der Prozess der Ernennung von FFH-Gebieten kann als prototypisch für Politikpro-

zesse innerhalb der EU angesehen werden. Zunächst erstellten die Bundesländer Listen über FFH-Gebiete auf der Basis des Bundesnaturschutzgesetzes, die beim Umweltministerium eingereicht wurden. Danach prüfte das Bundesumweltministerium die Gebiete, stellte diese in einem nationalen Katalog zusammen und übermittelte diese nach Brüssel an die zuständige EU-Generaldirektion, die dann darüber entschied, ob die Gebiete letztlich anerkannt wurden.

V. Gesellschaftliche Pluralisierungen: Multikulturalität und Medienvielfalt

In den 1960er-Jahren hatte das Wirtschaftswachstum noch das Konfliktpotential einer sich kulturell ausdifferenzierenden Gesellschaft überlagert, doch spätestens mit dem Ende des Wirtschaftsbooms in den 1970er-Jahren wurde Ausländerfeindlichkeit erstmals seit den Gräueltaten des NS-Regimes wieder zu einem gesellschaftlich sichtbaren Thema. In einem Klima steigender Arbeitslosigkeit – auch 300.000 Gastarbeiter waren im Jahr 1983 ohne Beschäftigung – nahmen die Ressentiments gegenüber Ausländern in Deutschland dann in den frühen 1980er-Jahren deutlich zu. In den schwächeren sozialen Schichten verbreitete sich die Angst vor dem Verlust von Arbeitsplätzen an Ausländer. Insbesondere die schwer zu vermittelnden ehemaligen Industriearbeiter, die als Verlierer des Strukturwandels in eine ungewisse Zukunft blickten, zeigten sich anfällig für xenophobe Parolen. Im März 1983 sprachen sich 80 % der Deutschen für eine Rückkehr der Gastarbeiter in ihre Heimatländer aus. Ebenfalls 80 % waren der Meinung, dass in Deutschland zu viele Ausländer leben würden. Parteien wie die NPD reaktivierten alte NS-Vorurteile und organisierten eine ›Bürgerinitiative Ausländerstopp‹, die Ausländerkriminalität ebenso plakatierte wie ausländische Extremisten oder religiöse Andersartigkeit. Sie befeuerten damit latente Konflikte zwischen deutschen und ausländischen Bevölkerungsteilen, wobei insbesondere die Konfrontationen zwischen Jugendlichen zunahmen.

Aus diesem Klima ging dann in den frühen 1980er-Jahren die Partei der Republikaner hervor, die als Abspaltung konservativer Krei-

se aus der CDU/CSU verstanden werden muss. Ihre Protagonisten
waren zumeist im Nationalsozialismus sozialisiert oder geboren
worden. Die etablierten Parteien sahen sich immer mehr mit dem
Problem konfrontiert, in der Ausländerfrage Position beziehen zu
müssen, um nicht Wählerstimmen an die radikalen Parteien zu verlieren. Die Regierung Kohl erhob deshalb im Jahr 1982 in ihrer Regierungserklärung die Ausländerpolitik zu einem ihrer vier Schwer-
punktthemen, wobei sie klar unterstrich, dass Deutschland kein Einwanderungsland sei. Zwar sollten die hier lebenden Ausländer
besser in die Gesellschaft integriert werden, gleichzeitig wurden
aber Anreize zur Rückkehr in die Heimatländer gesetzt und der Zuzug reduziert. Mit dem Rückkehrhilfegesetz vom 28. November 1983
versuchte die Regierung über Prämien für den Zeitraum Oktober
1983 bis Juni 1984 von seinerzeit 10.500 DM insbesondere arbeitslo-
se Ausländer aus Nichtmitgliedsländern der EWG wieder zur Rückkehr in ihre Heimatländer zu bewegen. Da oftmals die ehemaligen
Arbeitgeber noch eine Abfindung zahlten, die in etwa in der gleichen
Höhe anzusiedeln war, motivierte das Gesetz ca. 150.000 Gastarbeiter zur Rückkehr in ihre Heimatländer. Wenngleich eine sich erho-
lende Konjunktur Mitte der 1980er-Jahre die Probleme in den Hintergrund drängte, erfolgte eine Verschärfung der Ausländergesetz-
gebung, die zu einer schnelleren Abschiebung führen konnte. Es
formierte sich aber auch starker Widerstand gegen die Ausländerpolitik der Bundesregierung. Insbesondere Intellektuelle, aber auch
die Opposition demonstrierten gegen die ›Rausschmiss-Politik‹ und
zeigten so, dass sich die Gesellschaft an der Ausländerfrage spaltete. Bischöfe beider Kirchen schlossen sich zusammen und prokla-
mierten einen ›Tag für ausländische Mitbürger‹ und Gewerkschaften
sprachen sich für ein friedliches Miteinander an Arbeitsplätzen aus.
    Waren die Gastarbeiter ein erster Schritt in eine sich kulturell
pluralisierende Gesellschaft gewesen, so setzte Mitte der 1980er
dann in der Folge der KSZE-Entspannungspolitik ein Zuzug von Aus-
siedlern aus Osteuropa ein. Die meisten von ihnen besaßen oder be-
kamen zwar nach deutschem Staatbürgerrecht die deutsche Staats-
angehörigkeit. Dennoch hatten sie vier Jahrzehnte Sozialismus und
in jüngeren Generationen sogar eine sozialistische Erziehung in der

Oskar Lafontaine | geb. 1943

Kämpfer sozialer Gerechtigkeit in der Bundesrepublik

Oskar Lafontaine spiegelt wie kaum ein Zweiter die Verwandlung der SPD weg von einer reinen Arbeiterpartei in den 1990er- und 2000er-Jahren wider. 1985 als Hoffnungsträger im strukturschwachen Saarland zum Ministerpräsidenten gewählt, stieg er in einer Phase des wirtschaftsstrukturellen Wandels schnell zum bundespolitischen Hoffnungsträger der SPD auf. Sein Aufstieg stoppte jäh, als ihm seine negative Einschätzung der deutschen Einheit eine entscheidende Niederlage bei der Bundestagswahl 1990 bescherte. Der Bruch mit seiner politischen Heimat SPD begann nur wenige Monate nach der Bundestagswahl 1998, als die SPD unter Gerhard Schröder die Reformagenda 2010 anging. Den politischen Kurs von Kanzler Gerhard Schröder konnte und wollte der für Wirtschaft und Finanzen zuständige Lafontaine nicht mittragen. Er legte nicht nur sein Ministeramt nieder, sondern verlor zunehmend auch den Rückhalt in der Partei, aus der er 2005 austrat, um in der ›Wahlalternative Soziale Gerechtigkeit‹ (WASG) eine neue politische Heimat zu finden, mit der er dann in den der Partei ›Die Linke‹ aufging.

Sowjetunion genossen, die sich in Normen, Werten und Verhaltens-
weisen spiegelten. In den 1980er-Jahren waren diese Aussiedler aber
explizit willkommen und nur in geringem Maße den ausländerfeind-
lichen Tendenzen in der Gesellschaft ausgesetzt. So wanderten in
den Jahren 1990 bis 2005 ca. 3 Millionen Menschen aus Osteuropa in
die Bundesrepublik ein. Alleine in den frühen 1990er-Jahren kamen
ca. 400.000 Menschen pro Jahr aus der ehemaligen Sowjetunion in
der Bundesrepublik an. Hinzu kamen Asylanten, die Mitte der 1990er-
Jahre flüchteten, um Schutz vor Krieg und Völkermord in den Jugo-
slawienkriegen zu suchen. Im Jahr 1992 wurden insgesamt 438.000
Asylanträge gestellt. Wenngleich die Politik reagierte und 1993 eine
dramatische Verschärfung des Asylrechts verabschiedete, konnte
dies nichts mehr an der Tatsache ändern, dass sich die Bundesrepublik von den späten 1970er- bis zu den späten 1990er-Jahren in eine
multikulturelle und multiethnische Gesellschaft verwandelte hatte.
Der Zuzug von Gastarbeitern, Spätumsiedlern und Asylanten war
aber immer auch ein Garant dafür, dass die Einwohnerzahl der Bundesrepublik nicht sank und die rückgängigen Geburtenzahlen der
deutschen Bevölkerung sich nicht negativ auf die Sozialsysteme auswirkten.

Gegen Ende der 1980er-Jahre hatte sich ein Modus Vivendi gebildet, der nach Konrad Jarausch als ›Nichteinwanderungsland mit Einwanderern‹ bezeichnet werden kann. Insbesondere jüngere Deutsche hatten sich an die ausländischen Mitbürger und deren Lebensweisen gewöhnt. Sie kauften im türkischen Laden ein und gingen
beim Italiener, Griechen oder Jugoslawen essen. Gleichzeitig zeigte
sich, dass Einwanderern in der zweiten Generation durchaus der
Aufstieg gelingen konnte. Insgesamt stieg damit gegen Ende der
1980er-Jahre zwar die Akzeptanz für Ausländer, allerdings definierte sich die alte Bundesrepublik nicht als multikulturelle Gesellschaft.
Letztlich blieb das Ausländerproblem ungelöst, weil die Gesellschaft
im Inneren gespalten war und keine klare Haltung formulierte.

Ungebremst setzte sich aber die gesellschaftliche Segregation
vieler Ausländer fort, die sich v. a. in der Wohnsituation bemerkbar
machte. Zum einen war der ausländischen Familien zur Verfügung
stehende Wohnraum deutlich geringer, d. h., pro Person stand einer

Günter Wallraff: Ganz unten

Der Autor und Journalist Günter Wallraff befeuerte mit seinem 1985 erschienenen Werk ›Ganz unten‹, das 22 Wochen auf Platz 1 der deutschen Bestsellerliste stand, die Debatten über die Lebens- und Arbeitsbedingungen (türkischer) Gastarbeiter in Deutschland. Als türkischer Gastarbeiter Ali verkleidet, hatte sich Wallraff für die Recherchen zu seinem Buch auf den Arbeitsmarkt begeben, um die Ausgrenzung und Diskriminierung am Arbeitsplatz und in der Gesellschaft insgesamt zu recherchieren. Sein Erfahrungsbericht über Tätigkeiten in mehreren deutschen Unternehmen zeugte von Schikanierung, Ausbeutung und offen geäußertem Hass. Zwar rüttelte das Buch weite Teile der deutschen Gesellschaft wach und resultierte nicht selten in spürbaren Verbesserungen der Arbeitsbedingungen. Gleichwohl kritisierten Vertreter ›türkischer‹ Interessengruppen das Werk wegen dessen einseitiger und undifferenzierter Darstellung türkischer Arbeitsmigranten. Das Buch, so die Kritik, reproduziere das Vorurteil türkischer Einwanderer als sozial und intellektuell zweitklassige Masse. Unabhängig von einer Positionierung in dieser Frage steht das Buch aber als deutlicher Indikator einer Gesellschaft, die in den 1980er-Jahren begann, sich mit Gastarbeitern und deren langfristiger Eingliederung in die bundesrepublikanische Wirtschaft und Gesellschaft kritisch zu beschäftigen.

Günter Wallraff bei der Präsentation seines Buches »Ganz unten«

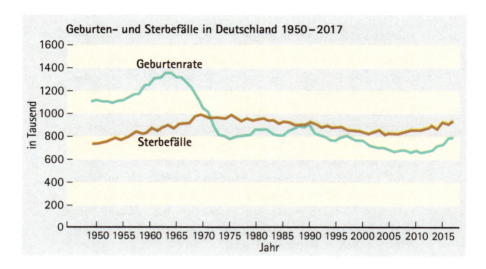

deutschen Familie durchschnittlich 43,5 m² zur Verfügung, einer ausländischen hingegen nur 21,7 m². Zum anderen besiedelte die ausländische Bevölkerung immer stärker die Stadtteile bzw. Wohnungen, die in den 1950er-Jahren im sozialen Wohnungsbau errichtet
worden waren. Es machte sich in den 1980er-Jahren deutlich bemerkbar, dass die Großwohnsiedlungen zu sozialen Brennpunkten
wurden und eine klare Segregation nach sozialem Status und ethni-
scher Herkunft einsetzte. Eine Wende im Umgang mit der zunehmenden Multikulturalität der Bundesrepublik erfolgte erst in der
rotgrünen Regierungszeit nach 1998, u. a. als die doppelte Staatsbür-
gerschaft eingeführt wurde.

Gesellschaftliche Pluralisierung ergab sich auch als Folge einer
Pluralisierung der Medien, die sich aus der Privatisierung des Rund-
funks sowie der Verbreitung und Vernetzung von Computern ergab,
die dann im Internet kulminierte. Die 1980er-Jahre können als Zäsur
auf dem Weg in die ›Mediengesellschaft‹ gesehen werden. Zu Beginn
des Jahrzehnts wurden erste Kabelfernsehnetze errichtet, die dafür
sorgten, dass Mitte der 1980er-Jahre bereits 4,7 Millionen Haushalte an das Kabelnetz angeschlossen waren. Seit 1986 wurde das Fern-

sehen auch über Satellitenanlagen empfangbar. Mitte der 1980er-Jahre erschloss der Hörfunk den Bereich 100–108 MHz (UKW-Hörfunk), wodurch eine Reihe neuer Hörfunksender mit lokaler Ausrichtung ihren Betrieb aufnehmen konnten. Rechtlich-institutionell fiel das Rundfunk-Monopol, worin sich die generelle Hinwendung zu neoliberalen Konzepten zeigte. Geißelte der sozialdemokratische Kanzler Helmut Schmidt den privaten Rundfunk noch als schlimmer als die Kernenergie, so trieb sein Nachfolger Helmut Kohl die Privatisierung entscheidend voran. Neue Sender brachten neue Hörfunk- und Fernsehkonzepte, die sich massiv auf den Medienkonsum auswirkten und gesellschaftliche Normen und Moralvorstellungen nachhaltig veränderten. Sender wie RTL oder SAT 1 mussten sich anders als der öffentlich-rechtliche Rundfunk über Werbung finanzieren, sodass die Orientierung am Publikumsgeschmack und den Bedürfnissen der Wirtschaft zunahmen. Günstige Produktionen, v. a. aus den USA, sorgten für eine deutliche Erhöhung des Unterhaltungsanteils im Fernsehen. Der transnationale Formatimport brachte neue Themen, die zu gesellschaftlichen Debatten anregten. Sendungen wie ›Eine Chance für die Liebe‹ oder ›Tutti Frutti‹ ließen die bundesrepublikanische Gesellschaft über die Sexualmoral diskutieren.

Gleichzeitig entbrannte eine Debatte darüber, welche Funktion der öffentlich-rechtliche Rundfunk zukünftig im Mediensystem übernehmen sollte, die dann an Intensität gewann, als es um den Kauf von Sportrechten durch das private Fernsehen ging. Als RTL sich 1988 die Erstverwertungsrechte der Fußball-Bundesliga sicherte und die durch Werbepausen unterbrochene Fußballsendung ›Anpfiff‹ das Monopol der ARD-Sportschau auf die ersten Bilder von Bundesligaspielen durchbrach, galt es zu klären, ob Sportveranstaltungen im öffentlichen Interesse liegen und dementsprechend per Gesetz dem öffentlich-rechtlichen Rundfunk zugesprochen werden sollten. Da dies aber nicht dem neoliberalen Geist der Ordnung von Wirtschaft und Gesellschaft entsprach, musste sich der öffentlich-rechtliche Rundfunk dem Preisniveau der privaten Sender anpassen, was zu immer höheren Summen für Sportrechte führte und als Nebenprodukt eine Konzentration auf wenige Sportarten im Fernsehen brachte. Was im Fußball eine Spirale der immer umfassende-

ren Kommerzialisierung auslöste, verdrängte andere Sportarten aus
dem medialen und dem gesellschaftlichen Fokus. Die Pluralisierung
des Rundfunkangebots wirkte sich also paradoxerweise begrenzend
auf das Sportangebot aus. Sendungen wie die Sportschau, die ein
Millionenpublikum erreichten, konzentrierten sich immer mehr auf
den Fußball, während Sportarten wie Handball, Eishockey oder
Leichtathletik zunächst aus dem Programm verschwanden und sich
später in Nischensendern wiederfanden.

Die Pluralisierung der Medien intensivierte sich in den 1980er-
Jahren auch durch die Computerisierung und die Vernetzung der
Computer über Bildschirmtext und Internet. So stieg der Anteil von
Privathaushalten mit Computer auf 32 % (1990), wobei mit dem
Commodore 64 eine Art Volkscomputer Mitte der 1980er-Jahre für
eine breite Erschließung privater Haushalte sorgte. Das Program-
mieren von kleinen Spielen in BASIC wurde zu einer Freizeitbeschäftigung, für die ein eigener Zeitschriftenmarkt entstand. Nach und
nach wurden Computerspiele zu einem Sozialisationsfaktor der
nachwachsenden Generationen und schufen gemeinsame Erfahrungen, über die gesprochen wurde. Generell stellte die Computerisierung in den 1980er- und 1990er-Jahren vielfältige Anforderungen an
die Gesellschaft und initiierte Diskurse über den adäquaten Umgang
mit ›digitalen Medien‹. Staat und Vernetzung im IT-Zeitalter wurde
spätestens ab den 1990er-Jahren für die Gesellschaft und Wirtschaft
der Bundesrepublik ein zentrales Thema. Es wandelte sich – auch
im Zuge der neoliberalen Wirtschafts- und Gesellschaftsreformen –
das Verhältnis von Staat und Bürger, weil sich die Wertigkeit von Informationen änderte und das Monopol bei Telekommunikations-
diensten hinterfragt wurde. Der Mobilfunk wurde zum Ausdruck des
freien Bürgers. Immer mehr Funkmasten überzogen das Land und
ließen immer dichtere Mobilfunknetze entstehen, die in völlig neue
Wahrnehmungen und Standortbedingungen von Räumen resultierten. Wenngleich die flächendeckende Ausbreitung und die konsequente Verschmelzung mobiler Kommunikation mit Datennetzen
wie dem Internet erst in den 2000er-Jahren tatsächlich einsetze, erfolgte die Weichenstellung in die digitalisierte Bundesrepublik vor
der Jahrtausendwende.

Seit Mitte der 1980er-Jahre eroberten Computer Privathaushalte. Wegbereiter war der Commodore 64 (hier als Ausstellungsstück) und der Sinclair ZX Spectrum.

VI. Fazit

Die Bundesrepublik veränderte in den zwei Jahrzehnten nach dem Regierungsantritt von Helmut Kohl im Jahr 1982 ihre Staatlichkeit in einem Tempo und einer Intensität wie nie zuvor. Auf die Phase der nationalstaatlichen Renaissance der 1970er-Jahre folgte eine umfassende und konsequente Eingliederung in das europäische Föderalsystem, die durch die deutsche Einheit massiv beschleunigt wurde und die DDR ebenso schnell und kompromisslos in der Bundesrepublik aufgehen ließ. Hinzu kam ein gesellschaftlicher Pluralisierungsschub, der an die Individualisierungstendenzen der 1970er anschloss.

KAPITEL 6
NACH 2002/05: NEU-POSITIONIERUNG IN
EINEM GLOBALISIERTEN EUROPA

I. Einleitung

Die immer umfassendere Einbindung der Bundesrepublik Deutschland in die europäischen Föderalstrukturen seit den großen Integ-
rationsschüben der 1990er-Jahre macht es immer schwieriger, für
die Geschichte der Bundesrepublik ein unabhängiges Narrativ zu
entwickeln. Viele der großen wie kleinen Themen in Politik, Wirtschaft und Gesellschaft sind nicht mehr alleine auf nationaler Ebene verstehbar und erklärbar. Sie müssen im europäischen Rahmen
diskutiert und gelöst werden. Eurokrise, Migration oder Digitalisie-
rung sind nur wenige Stichworte, mit denen sich andeuten lässt,
dass der politische Gestaltungsspielraum der Bundesrepublik mitunter zu klein und die Interdependenzen mit außen zu groß sind.
Die Zahl der politischen Entscheidungen, die tatsächlich unabhängig in der und für die Bundesrepublik gefällt werden können, nimmt
trotz anderslautender Forderungen vieler Parteien und Bürgerbewegungen kontinuierlich ab. Dies impliziert aber nicht, dass die
Bundesrepublik sich komplett im europäischen Föderalverbund auf-
lösen würde. Vielmehr stellt die Bundesrepublik weiterhin einen
elementaren Verdichtungsraum dar.

Dieses Kapitel argumentiert, dass die Bundesrepublik sich seit
den Jahren 2002/05 als ein solcher Verdichtungsraum in einem europäischen Föderalverbund (neu) positionieren muss, der wiederum unter einer eigenen Legitimitätskrise leidet und aufgrund globaler und interner Herausforderungen sich mit einem immer grö-

ßeren Bedarf an gemeinsamen Handlungen konfrontiert sieht. Genau dieses Spannungsfeld der Veränderung bundesrepublikanischer Staatlichkeit wird derzeit intensiv diskutiert. Seit den Jahren 2002 bis 2005 wird immer öfter die Frage aufgeworfen, ob die Bundesrepublik im föderal strukturierten Europa die eigenen nationalstaatlichen Kompetenzen wieder stärken sollte. Diese Diskussion, die auch in vielen anderen Mitgliedsstaaten der Europäischen Union geführt wird, muss vor dem Hintergrund der spezifischen Bedingungen der (bisher) letzten Phase der bundesrepublikanischen Geschichte als eine Phase der konstanten wirtschaftlichen Prosperität mit sinkenden Arbeitslosenzahlen und steigenden Steuereinnahmen gesehen werden, welche die Bundesrepublik in eine politisch selbstsichere Position brachte. Wie einleitend bereits erwähnt, lassen sich die Entwicklungen seit den Jahren 2002/05 nur bedingt in größere Zusammenhänge einordnen, weil Entwicklungen noch andauern und mitunter in ihren mittel- und langfristigen Auswirkungen (noch) nicht abschätzbar sind.

II. Grundbedingung bundesrepublikanischer Politik: Wirtschaftswachstum

Der umfassenden Kritik an den Reformen der Regierung Schröder zum Trotz setzte in den Jahren 2005/06 das Wirtschaftswachstum wieder ein und resultierte in einem nachhaltigen Rückgang der Arbeitslosenzahlen und einem ebenso nachhaltigen Anstieg der Steuereinnahmen des Staats. Die konjunkturelle Entwicklung, die Arbeitsmarktreformen und der Anstieg der Wettbewerbsfähigkeit der deutschen Wirtschaft, der auch aus einem gesunkenen Lohnkostenanteil resultierte, ließ die Arbeitslosenzahlen von 4,86 Millionen auf 2,38 Millionen zwischen 2006 und 2018 sinken. Die Folgen der Reformen blieben aber zunächst umstritten. Die einen kritisierten, dass die positiven Zahlen in zu großem Maße über eine Zunahme von Minijobs und Teilzeitarbeit generiert wurden, die nur bedingt sozialversicherungspflichtige Arbeitsverhältnisse ersetzen konnten. Andere verwiesen auf statistische Entlastungen durch geburtenschwache Jahrgänge, die in Deutschland auf dem Arbeitsmarkt ankamen. Im Gegensatz zu vielen europäischen Staaten, die mit hoher Jugendarbeitslosigkeit zu kämpfen hatten, sei die Bundesrepublik deshalb bevorteilt. Ein Großteil der Kritik verstummte jedoch, als die Bundesrepublik aus der Weltfinanzkrise von 2008 als erfolgreiches Wirtschaftsmodell hervorging. Trotz (oder gerade wegen) ihres immer noch hohen Industrialisierungsgrades, der vor der Krise von Wirtschaftsexperten als veraltet kritisiert worden war, blieb die bundesdeutsche Wirtschaft vergleichsweise stabil.

Mit der wirtschaftlichen Erholung ging nicht nur die Krisenstimmung zurück, sondern die Bunderegierung erlaubte es sich auch, vom strikten Sparkurs und der arbeitgeberfreundlichen Politik schrittweise wieder Abstand zu nehmen. Die Einführung von Mindestlöhnen im Jahr 2015 war der sicherlich deutlichste Indikator dieses Kurswechsels. In diesem Kontext verlagerten sich auch Art und Ziele der staatlichen Interventionen in die Wirtschaft. Hatten vor den Reformen staatliche Eingriffe in erster Linie der sozialen Absicherung von Arbeitern und Angestellten gegolten, so erfolgte diese nun zur Ermöglichung von (weiblicher) Erwerbstätigkeit und der Verbesserung (weiblicher) Karrierechancen. Elterngeld und Quotenregelungen sind Beispiele dieser Veränderung, die vor dem Hintergrund solider Wirtschaftsdaten getätigt wurden.

Doch nicht nur die Reformpolitik der Regierung Schröder erwies sich als Wachstumsmotor der bundesrepublikanischen Wirtschaft. Auch der Euro begünstigte die deutsche Konjunktur, wurde doch die deutsche Wirtschaftsstärke nicht mehr durch Währungsabwertungen gegenüber der innereuropäischen Konkurrenz relativiert. War die Deutsche Mark seit den 1960er-Jahren wiederholt gegenüber anderen Währungen aufgewertet und so der Export erschwert worden, blieb der bei der Euro-Einführung einmal fixierte Wechselkurs nunmehr konstant. Der Export wurde so erleichtert und sollte sich als wichtiger Träger der positiven Wirtschaftsentwicklung der Bundesrepublik erweisen.

III. Globale Herausforderungen der Bundesrepublik

Globalisierung kann als eines der zentralen Schlagworte der Gegenwart bezeichnet werden. Dabei steht der Begriff für eine Vielzahl ganz unterschiedlicher Entwicklungen und Veränderungen in der internationalen Staatenwelt und der Beziehung von Staaten, Wirtschaften und Gesellschaften miteinander. Ohne hier eine der vielen Definitionen von Globalisierung bedienen zu wollen, lassen sich vier ihrer Dimensionen herausstellen, die für den Wandel bundesrepublikanischer Staatlichkeit seit 2002/05 relevant geworden sind: Banken- und Finanzkrise, Terrorismus, Migration und Vernetzung.

(a) Banken- und Finanzkrise

Die Finanzmärkte haben sich als der Bereich erwiesen, auf dem die Folgen der Deregulierung der 1990er-Jahre das Verhältnis von Staat und Wirtschaft besonders massiv herausgefordert haben. Dies gilt umso mehr, als sich die Finanzmärkte von der realen Wirtschaftsentwicklung zunehmen gelöst haben und wiederkehrende (Finanz-) Krisen hervorriefen, die die Bundesrepublik im Verbund mit anderen EU-Mitgliedern gemeinsam bewältigen musste. Die Diskussion der Frage der kollektiven Verantwortung der Staaten Europas für die Auswirkungen der Finanzkrisen der 2000er-Jahre haben Staat und politisches System der Bundesrepublik nachhaltig geprägt, ging es doch nicht nur um kurzfristige Maßnahmen, sondern ebenso um die mittel- und langfristige Justierung des Verhältnisses von Staat und Wirtschaft.

Auslöser der Krise war die Insolvenz der US-Bank Lehman Brothers im September 2008, die sich zu einer fundamentalen Banken- und Finanzkrise entwickeln sollte. Als die Regulierungsinstanzen die Bank ›Lehman Brothers‹ im festen Glauben an die natürliche Stabilität der Märkte in die Insolvenz schickten, lösten sie eine Kettenreaktion aus, deren Tragweite sie selbst nicht hatte abschätzen können. Der gesamte Banksektor und sogar einige Staaten wurden in einen Strudel gezogen, aus dem sie sich nicht mehr befreien konnten. Es wurde deutlich, was Verantwortungsträger in Politik und

Wirtschaft zuvor nicht für möglich gehalten hatten: Der Finanzsektor konnte Großbanken und Staaten mit sich in den Abgrund reißen. Die Bereitschaft der Regierungen, angeschlagene Banken und Staaten in der größten Not vor dem Konkurs zu retten, stieg enorm an, weil die Dominoeffekte einer Pleite sich als unkalkulierbar herausstellten. Die Krise ließ sich nur durch koordinierte europäische Antworten lösen, etwa die Erhöhung der Eigenkapitalvorschriften von Banken oder die Straffung der Bankenaufsicht. In den Vordergrund rückten nun die Nachjustierung der ordnungspolitischen Rahmenordnung, die Kontrolle internationaler Finanzströme und die Nachhaltigkeit der Entwicklung. Die Frage nach der Zukunft des Kapitalismus prägte immer mehr die politischen, wissenschaftlichen und gesellschaftlichen Debatten. Dabei spielte der generelle Zusammenhang zwischen der Liberalisierung der Finanzmärkte und der Staatsverschuldung in den Staaten Europas eine Rolle, schränkte er doch die Handlungsoptionen der Staaten erheblich ein. Immerhin stieg die Staatsverschuldung im Verhältnis zum BIP zwischen 1980 und 2015 in Frankreich von 20,7 % auf 96,1 %, in der Bundesrepublik von 31,3 % auf 71,5 % und in Italien von 56,1 % auf 132,7 %.

Für einen Staat wie die Bundesrepublik bedeutete die Bankenkrise von 2008 die Übernahme der Haftung für einen Finanzsektor, aus dem er sich eigentlich zurückgezogen hatte. War im blinden Vertrauen auf die Selbstregulierung der Finanzmärkte national wie international in den 1990er- und 2000er-Jahren offenbar kein tragfähiger ordnungspolitischer Rahmen entstanden, so musste und müssen die politischen Instanzen seit 2008 nachsteuern. Dass die Bundesregierung 2008 die Bank Hypo Real Estate verstaatlichte, um eine weitere Ausbreitung der Krise zu verhindern, ist mehr als ein offensichtlicher Kurswechsel im Verhältnis von Staat und Wirtschaft gewesen. Hatte die Bundesregierung mit der Agenda 2010 erst in den frühen 2000er-Jahren die Sozialsysteme und Arbeitsmärkte an die veränderten wirtschaftlichen Bedingungen angepasst und sogar die eigene Abwahl für die getätigten Einschnitte in Kauf genommen, so mussten nun erneut Reformen in Angriff genommen werden. Die Krise offenbarte im europäischen Kontext aber auch die existentielle Bedeutung politischer Projekte wie der Agenda 2010 als Garant wirtschaftlicher Stabilität und Attraktivität in Zeiten der Globalisierung.

In einem weiteren Schritt ging es nun darum, wegen der explodierenden Schulden der Bundesrepublik, die von 2002 bis 2010 von 59,3 % auf 80,5 % des BIP anstiegen, eine Schuldenbremse gesetzlich zu verankern und die Nettokreditaufnahme zu begrenzen. Dabei ging es nicht nur um die Ausweitung staatlicher Handlungsoptionen im Krisenfall oder um die Einhaltung der Maastrichter Stabilitätskriterien, sondern auch um Generationengerechtigkeit. Die Wirksamkeit der Schuldenbremse blieb jedoch hoch umstritten. Kritiker verwiesen auf die Notwendigkeit von staatlichen Konjunkturimpulsen in Form von Investitionsprogrammen. Allerdings ist sie für andere ein wichtiger Indikator dafür, dass die Finanzierung des Sozialstaats in Zeiten des globalen Standortwettbewerbs festen Grenzen unterworfen sein muss. Vorerst haben die positive wirtschaftliche Entwicklung und die permanent steigenden Steuereinnahmen des Staats der Diskussion ihre Brisanz genommen. Hinzu kam, dass die Staatsschuldenkrise in Europa und die Krise des Euroraums die Aufmerksamkeit von Politik und Gesellschaft auf innereuropäische Probleme verlagerte.

(b) Terrorismus und staatliche Sicherheitsdiskurse
Terrorismus hatte sich schon in den 1970er-Jahren als ein Motor des Wandels erwiesen, allerdings seinerzeit noch als ein primär nationalstaatliches Problem. Symbolischer Wendepunkt in der Entwicklung des Terrorismus und der von ihm ausgelösten Diskurse über die Sicherheit der westlichen Gesellschaften waren die Anschläge auf die New Yorker ›Twin Towers‹ vom 11. September 2001. Seitdem befeuern sich Terrorismus und Terrorismusbekämpfung gegenseitig. Militärische Interventionen der USA und ihrer europäischen Verbündeten in Afghanistan und im Irak provozierten immer neue Anschläge. Beide Seiten legitimierten sich mit der Verteidigung ihrer Werte, Normen und Lebensweisen. Der deutsche Verteidigungsminister Peter Struck formulierte in einer Regierungserklärung vom 11. März 2004 gar, die deutsche Freiheit werde am Hindukusch verteidigt. Die technischen wie ökonomischen Entwicklungen der

Anschlag auf den Breitscheidplatz

Die Bundesrepublik blieb lange von islamistisch motivierten Anschlägen verschont, die in europäischen (Haupt-)Städten seit dem Anschlag von Madrid im März 2004 verübt wurden. Vereinzelte Anschlagsversuche wurden entweder vereitelt oder scheiterten in der Planung. Ein größerer Terrorakt auf die Zivilbevölkerung in der Bundesrepublik ereignete sich zunächst nicht. Am 19. Dezember 2016 steuerte dann aber der Tunesier Anis Amri einen Sattelzug in die Besuchermenge des Weihnachtsmarkts auf dem Berliner Breitscheidplatz. 12 Menschen starben, weitere 55 wurden verletzt. Die Reihe von Terroranschlägen in Europa hatte damit auch die Bundesrepublik erreicht. Der Täter entkam zunächst, wurde dann aber 4 Tage später bei einer Routinekontrolle von italienischen Polizisten erschossen. Amri, der 2015 im Zuge der Flüchtlingskrise illegal nach Deutschland eingereist war, entpuppte sich schnell als ein den Behörden am Tag des Anschlags bekanntes nicht unbeschriebenes Blatt. Er galt als Terrorverdächtiger, bewegte sich mit mindestens 14 verschiedenen Identitäten durch die Bundesrepublik, war als Asylbewerber längst abgelehnt und hätte das Land bereits verlassen müssen. Neben einer Reihe behördlicher Pannen offenbarte die Aufarbeitung des Falls durch mehrere (parlamentarische) Untersuchungsausschüsse auch Vertuschungsversuche und die Manipulation von Berichten durch Behörden. Der Anschlag befeuerte die Diskussion um Sicherheit im öffentlichen Raum, um die Arbeit der Sicherheitsbehörden und um die Flüchtlingspolitik in Deutschland. Insbesondere die Debatte über die behördliche Zusammenarbeit über Ländergrenzen und die konsequente Anwendung bestehender Gesetze wurde auf eine neue Stufe gehoben.

›westlichen Welt‹ – freie Mobilität und Kommunikation in liberalen Gesellschaftsordnungen – waren um die Jahrtausendwende zur Grundlage des global agierenden Terrorismus geworden.

Die europäischen Gesellschaften sind in direkter und indirekter Form vom internationalen Terrorismus betroffen. Trotz prominenter Anschläge in europäischen Hauptstädten wie 2004 (Madrid), 2005 (London), 2015 (Paris) oder 2016 (Berlin) blieben die Auswirkungen allerdings eher begrenzt. Eine tatsächliche Gefährdung der Gesellschaftsordnung bestand und besteht aber nicht. Selbst nach Anschlägen wie dem auf den Berliner Weihnachtsmarkt im Dezember 2016 gingen die betroffenen Städte zumeist binnen kurzer Zeit wieder dem Alltag nach. Die Bevölkerung zeigte vielmehr kurzfristige ›Trotzreaktionen‹ und bekannte sich offensiv zu den eigenen Werten.

Nachhaltiger wirkte sich der globale Terrorismus auf die Sicherheitsdiskurse aus, in denen die Verhältnisse von Staat und Bürger sowie Staat und Gesellschaft neu ausgelotet werden. Die Diskussion um Terrorbekämpfung, die Implementation von Sicherungssystemen oder die Rechte des Staats auf Datensammlung resultierten in einer geänderten Wahrnehmung von Sicherheit. Medial plakatierte Verhaftungen von Terrorzellen wie im September 2007 im Sauerland befeuerten die Diskussionen, zeigten sie doch, dass terroristische Aktivitäten mitten in der bundesrepublikanischen Gesellschaft geplant und vorbereitet wurden. Gleichzeitig wurde die grenzüberschreitende Zusammenarbeit innerhalb Europas wie innerhalb der Bundesrepublik in den Bereichen Militär, Polizei und Verbrechensbekämpfung verstärkt und Zuständigkeiten wie Akteure im europäischen Föderalsystem intensiver miteinander verflochten, konnte doch nur so gegen grenzüberschreitend organisierte Terrorgruppen vorgegangen werden. Hinter allen neuen Sicherheitsmaßnahmen stand freilich auch eine Diskussion über die Werte und die kulturellen Grundlagen von Staat und Gesellschaft. Fragen wurden aufgeworfen wie: Gehört der Islam zur Bundesrepublik? Gibt es verbindliche Leitkulturen? Zusätzlich befeuert wurde diese Debatte dann durch die Migrationsbewegungen aus nicht-europäischen Staaten

Bundeskanzlerin Angela Merkel (CDU) lässt sich am 10.09.2015 nach dem Besuch der Erstaufnahmeeinrichtung für Asylbewerber der Arbeiterwohlfahrt (AWO) in Berlin-Spandau für ein Selfie zusammen mit dem Flüchtling Shaker Kedida aus Mossul (Irak) fotografieren. Foto: Shaker Kedida

nach Europa und besonders in die Bundesrepublik seit den 2010er-Jahren.

(c) Migration

Die Migrations- und Flüchtlingskrise der 2010er-Jahre hatte eine Reihe struktureller wie situativer Ursachen: zum einen die Entwicklungen in den nordafrikanischen und nahöstlichen Staaten nach dem Arabischen Frühling und dem Ausbruch des Syrien-Kriegs; zum anderen die strukturellen wirtschaftlichen Probleme Afrikas, die nicht selten ihre Wurzeln im europäischen Kolonialismus des 19. Jahrhunderts oder den EU-Zollmauern hatten. Sowohl über das Mittelmeer als auch auf dem Landweg über den Balkan versuchten immer mehr Menschen, Mitteleuropa und insbesondere Deutschland zu erreichen. Alleine 2015 stellten fast 1,4 Millionen Menschen einen Erstantrag auf Asyl innerhalb der Europäischen Union, 2016 waren es noch 1,25 Millionen, von denen 476.000 (2015) bzw. 745.000 (2016) auf die Bundesrepublik entfielen.

Angesichts solcher Zahlen kollabierte das im sogenannten Dubliner Abkommen festgelegte EU-Asylsystem, nach dem genau der Staat für das Asylverfahren verantwortlich war, in dem Asyl erstmals beantragt wurde. Die Flüchtlingswellen, die sich aus dem Süden auf das EU-Gebiet zubewegten, hatten zu einer einseitigen Belastung der Staaten am Mittelmeer geführt. Deren Regierungen sahen sich im Laufe des Jahres 2015 dazu gezwungen, Flüchtlinge unkontrolliert weiterzuleiten, um mit der Situation völlig überfüllter Flüchtlingslager und überforderter Bürokratien auch nur halbwegs klarzukommen. Die schiere Masse der Flüchtlinge ließ sich nicht mehr an der Peripherie der Europäischen Union abfertigen. Doch anstatt ein europäisches Problem kollektiv zu lösen, gingen die Staaten Europas dazu über, eigene nationale Strategien zu verfolgen.

Die Bundesregierung kündigte im August 2015 angesichts unkontrollierter Flüchtlingsströme an, dass Deutschland den Flüchtlingen zumindest ein Bleiberecht zusichere, solange die Rückkehr in die Heimat aufgrund von Kriegszuständen unsicher sei. Die sich daraufhin in Richtung Deutschland in Bewegung setzende Flüchtlingswelle löste eine grundlegende Diskussion über die Migrations- und

Asylantragszahlen 1990 – 2017

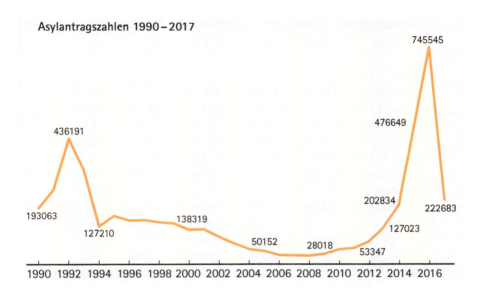

Asylpolitik der Bundesrepublik sowie die Bereitschaft und Fähigkeit der Gesellschaft aus, Migranten zu integrieren. Fortan wurden Finanzierung, Eingliederung und Quotenregelungen für Flüchtlinge ebenso zu politischen Streitthemen wie die Sicherung der Außengrenzen. Die angespannte Lage entlud sich immer wieder in fremdenfeindlichen Ausschreitungen und kontroversen politischen Diskussionen, die auch das Parteiensystem der Bundesrepublik ergreifen sollten. Die Regierungsparteien CDU und CSU gerieten in einen lange andauernden inhaltlichen Konflikt, die ursprünglich als Euroskeptische Partei angetretene Alternative für Deutschland (AfD) stieg kometenhaft auf und mit Pegida (Patriotische Europäer gegen die Islamisierung des Abendlandes) formierte sich eine Bürgerbewegung, die sich explizit gegen die Migranten richtete.

Mit der Migration und den Flüchtlingen war ein gesellschaftspolitisches Problem entstanden, das die Bundesrepublik noch weit über ihren 70. Geburtstag hinaus beschäftigen und verändern wird. Dabei war die Integration von Vertriebenen und Migranten in die

Gesellschaft ein elementarer Bestandteil der bundesrepublikanischen Geschichte seit ihrer Gründung 1949.

(d) Vernetzung

Zu den globalen Herausforderungen bundesrepublikanischer Staatlichkeit gehörte auch die Vernetzung von Wirtschaft und Gesellschaft durch Verkehrs- und Telekommunikationssysteme, die nicht mehr an den nationalen Außengrenzen Halt machen und nationalstaatlich kontrolliert werden konnten. Der Bedarf an gemeinsamer Regulierung stieg permanent an, weil etwa Internetverbindungen sich einer staatlichen Regelung entzogen. Der gesamte Bereich von Verkehr und Kommunikation ist zunehmend zu einem Thema der Europäischen Union geworden. Gleichzeitig erfolgte der Ausbau von Netzinfrastrukturen, v. a. digitaler Art, durch nationale Behörden. Wie wichtig die Gestaltung von solchen infrastrukturellen Netzen geworden ist, zeigt sich daran, dass die Bundesregierung das Ministerium für Verkehr in das Ministerium für Verkehr und digitale Infrastruktur umbenannte. Diese Umbenennung änderte aber nichts an der Tatsache, dass die Bundesrepublik beim Ausbau der Netzinfrastrukturen deutlich ins Hintertreffen geraten ist. Galten die Verkehrs- und Telekommunikationsnetze der Bundesrepublik noch in den 1970er-Jahren als vorbildlich in Europa, so hinkt die Bundesrepublik in den 2010er-Jahren bei der Qualität ihrer Netze hinter den europäischen Nachbarn hinterher.

IV. Europäische Herausforderungen der Bundesrepublik

Neben den globalen Problemstellungen wirkten eine ganze Reihe europäischer Herausforderungen auf die Entwicklung der Bundesrepublik nach 2002/05 ein. Die Staatsschuldenkrisen europäischer Länder – allen voran Griechenland – sollte sich auch für die europäische Föderalität als nicht unbedeutend herausstellen, wurde doch bei der Krisenbewältigung der ursprüngliche Vertragsgrundsatz der EU, dass ein Mitgliedstaat nicht für den anderen haftet, de facto außer Kraft gesetzt. Die Kombination des Europäischen Sta-

Europäische Finanzkrise – Proteste in Griechenland, Mai 2010

bilitätsmechanismus (ESM) aus dem März 2011 mit dem beginnenden Ankauf von Staatsanleihen durch die Europäische Zentralbank auf dem Sekundärmarkt im März 2012 veränderten die Verantwortlichkeiten, Abhängigkeiten und Interdependenzen innerhalb des föderalen EU-Gebildes und besonders des Euro-Raums nachhaltig hin zu mehr Verflechtung. Aus einer kollektiven Verantwortung, die seit den 1970er-Jahren mit verschiedenen europäischen Währungssystemen entstanden war, wurde nun kollektive Haftung.

Die Staatlichkeit der Europäischen Union erreichte damit eine völlig neue Qualitätsstufe, über die angesichts einer noch immer latent schwelenden Legitimationskrise der EU kein Verantwor-

tungsträger offen sprechen wollte. Dass die Bundesrepublik letztlich auch für griechische Staatsschulden haftete, war eine direkte
Folge der Entwicklung europäisch-föderaler Staatlichkeit und nur
ein weiterer Schritt der voranschreitenden Einbettung der Bundesrepublik in diese. Es brachen kontroverse Diskussionen über
diese neuen Formen von wirtschaftlich-politischen Interdependenzen aus. Einflussreiche Volkswirte aus der Bundesrepublik beklagten diese Entwicklung und wurden zu Geburtshelfern einer
neuen Partei, der Alternative für Deutschland (AfD), während
gleichzeitig die Rettung von Banken und Staaten durch den Steu-
erzahler von der Bundesregierung als ›alternativlos‹ dargestellt
wurde.

Die expansive Entwicklung der EU und ihre Ausweitung in immer weitere Politik- und Rechtsbereiche rief schon vor der Staatsschuldenkrise Proteste hervor. Spätestens mit dem gescheiterten
Verfassungsvertrag im Jahr 2005 wurde die Frage nach den er-
wünschten und unerwünschten Grenzen der politischen Verantwortung und Gestaltungsmacht der Europäischen Union offen aufgeworfen. In der Bundesrepublik sprach das Bundesverfassungsgericht im Juni 2009 schließlich das am Beginn dieses Buches
erwähnte ›Lissabon-Urteil‹, in dem die Vereinbarkeit von EU-Recht
mit dem deutschen Verfassungsrecht überprüft wurde, nachdem einige Abgeordnete des Bundestags sich ihrer parlamentarischen
Rechte beraubt sahen. Im Urteil erkannte das Gericht die wachsende Gestaltungsmacht der EU offiziell an, betonte aber die fortdauernde Souveränität der Bundesrepublik. Einschränkend gab des
Bundesverfassungsreicht vor, dass dem bundesrepublikanischen
Parlament ausreichend Raum für die Gestaltung der Lebensverhältnisse der Bürger bleiben müsse. Das Urteil war kein ›Nein‹ gegen
Europa oder die europäische Integration. Aber es war auch ein deut-
liches Signal gegen ein ›Weiter So‹ nach Art der EU-Vertragsrevisio-
nen der 1990er-Jahre, bei dem sich die Europäische Union immer
mehr vertiefte, ohne das Verhältnis von Staat und Wirtschaft auf allen Ebenen des europäischen Föderalsystems an neue Bedingungen
anzupassen oder die Bevölkerung an den Veränderungen zu betei-
ligen.

Immer öfter kam im Kontext dieser Veränderungen auch die Diskussion über die deutsche Führungsrolle in Europa auf. Seit der Jahrtausendwende rückte die Bundesrepublik schon alleine aufgrund ihres wirtschaftlichen Potentials und ihrer Größe immer mehr in eine europäische Führungsrolle, die sie aber nur bedingt erfüllen konnte. Insbesondere die wirtschaftliche Krise nach 2008 offenbarte die Ambivalenzen eines offen demonstrierten deutschen Gestaltungsanspruchs in Europa. Einerseits wurde in Europa zwar deutsche Führungsstärke eingefordert, diese dann andererseits aber schnell kritisiert, wenn sie tatsächlich wahrgenommen wurde. So haben die Bundesregierung und insbesondere der deutsche Finanzminister Wolfgang Schäuble in der Finanz- und Staatsschuldenkrise nicht selten eine gestaltende Rolle eingenommen, für die sie dann in ganz Europa wiederholt kritisiert und mit ihrer eigenen Vergangenheit konfrontiert wurden. Es ist genau diese Ambivalenz in der Beurteilung von außen, welche die Bundesregierung motiviert, auch 70 Jahre nach ihrer Gründung eine eher moderierende und unauffällige Außenpolitik zu betreiben. In der Regierungszeit Merkel hat die Bundesregierung jedenfalls politisch wie militärisch keine markante Führungsrolle in Europa eingenommen.

V. Bundesrepublikanische Herausforderungen

War die Bundesrepublik immer stärkeren außenpolitischen Interdependenzen ausgesetzt, so veränderte sich ihre Staatlichkeit freilich auch ohne externe Einflüsse von innen heraus.

(a) Mehrparteiensystem
Die Zeit seit 2002 ist geprägt von einem Aderlass der Volksparteien an den politischen Rändern, nachdem sich CDU/CSU wie SPD auf eine wie auch immer zu definierende ›politischen Mitte‹ hin orientiert haben, sodass an den Rändern des politischen Spektrums Platz geschaffen wurde für neue Parteien, die die parlamentarischen Konstellationen nachhaltig veränderten. Ging es seit den frühen 1980er-Jahren primär um die Option schwarz-gelb oder rot-grün,

Gregor Gysi | geb. 1948

Demokratischer Sozialismus in der Bundesrepublik

Kaum jemand symbolisiert die parlamentarische Transformation der DDR so sehr wie Gregor Gysi. Im Dezember 1989 zum Vorsitzenden der Sozialistischen Einheitspartei Deutschlands (SED) gewählt, konnte er zwar die Auflösung der DDR nicht verhindern, dennoch gelang es ihm, die SED in die Partei des deutschen Sozialismus (PDS) zu überführen, womit auch ein Bruch mit dem SED-Regime der DDR symbolisiert werden sollte. Damit gab er vielen von der BRD enttäuschten ehemaligen DDR-Bürgern eine politische Heimat und sicherte der PDS in den neuen Bundesländern eine feste Stammwählerschaft zu. Nach einem Zwischenspiel als Senator und Stellvertretender Bürgermeister Berlins kehrte er 2005 als Spitzenkandidat der in ›Die Linkspartei.PDS‹ umbenannten Partei in die Bundespolitik zurück, wo er durch die Vereinigung mit der ›Wahlalternative Soziale Gerechtigkeit‹ (WASG) zur Partei ›Die Linken‹, deren erster Fraktionsvorsitzender er wurde, den nächsten Schritt auf dem Weg der Transformation tätigte.

so ist diese Blockbildung seit 2002/05 als Grundkonstellation aufgebrochen. Die Große Koalition wurde zunehmend zur einzig denkbaren stabilen Regierungsmehrheit, womit die beiden Volksparteien dann aber wiederum ihren eignen Substanzverlust nur noch beschleunigten.

Die Jahre 2002 bis 2005 waren in vielerlei Hinsicht eine Umbruchphase in der Geschichte des Parlamentarismus der Bundesrepublik. Das Reformprogramm der Regierung Schröder (Agenda 2010) hatte nicht nur eine radikale Reform für Wirtschaft und Gesellschaft dargestellt, die eine substanzielle Veränderung der Staatlichkeit bedeutet, sondern sich auch massiv auf das politische System und die Parteien ausgewirkt. Insbesondere die SPD war von Bundeskanzler Gerhard Schröder vor eine Zerreißprobe gestellt worden, die mit enormen Stimmen- und Mitgliederverlusten quittiert wurde. Mehr als 100.000 Mitglieder traten als Protest aus der SPD aus und bewirkten damit nicht nur einen enormen Bedeutungsverlust der Partei, sondern sie stellten ebenso eine Basis dar, auf der sich die ›Wahlalternative Soziale Gerechtigkeit‹ (WASG) bildete, die dann mit der SED-Nachfolgepartei PDS (Partei des deutschen Sozialismus) zur Partei ›Die Linke‹ verschmolz.

Die Bundestagswahl 2005 brachte schließlich ein Fünfparteiensystem hervor, aus dem einzig die Große Koalition als stabile Regierungskoalition hervorging. Bundeskanzlerin Merkel war nicht nur die erste Frau im Amt des Regierungschefs der Bundesrepublik. Ihre erste Regierungszeit steht auch für den Beginn der Phase einer pluralisierten Parteienlandschaft mit immer schwierigerer Regierungsbildung. Stellte die Große Koalition der Jahre 1966 bis 1969 eine Ausnahme dar, so wurde sie seit 2005 die Regel. Die Bundestagswahl 2005 war die letzte, die zwei annähernd gleich große Volksparteien zum Ergebnis hatte (35,2 % CDU sowie 34,2 % SPD), allerdings lagen diese mit ihren Ergebnissen bereits ca. 10 % unter dem langjährigen Mittel der frühen Jahre der Bundesrepublik. Danach sollte sich insbesondere die SPD von der Stärke einer einst großen Volkspartei verabschieden. Brachten es die beiden Volksparteien bei der Bundestagswahl 1976 noch zusammen auf 90,8 % der Wählerstimmen, so waren es 2017 gerade noch 53,4 %.

Angela Merkel | geb. 1954

Lautlose Stabilität im kriselnden Europa

CDU

Amtszeit: 22. November 2005 –

Biografisches:

- Geboren am 17. Juli 1954 in Hamburg als Angela D. Kasner, kurz nach der Geburt Umzug nach Quitzow in Brandenburg/DDR
- 1986 Dissertation zur Quantenchemie in Ost-Berlin
- 1989–90 Mitarbeit im Demokratischen Aufbruch, der mit der Ost-CDU die Allianz für Deutschland begründete
- 1990 Stellvertretende Regierungssprecherin im Kabinett de Maizière (DDR)
- 1990 Abgeordnete für Stralsund-Rügen-Grimmen im Bundestag
- 1991–94 Bundesministerin für Frauen und Jugend
- 1994–98 Bundesministerin für Umwelt, Naturschutz und Reaktorsicherheit
- 1998–2000 Generalsekretärin der CDU
- 2000–2018 Bundesvorsitzenden der CDU
- 2002–05 Fraktionsvorsitzende der CDU

Wahlslogans:

- 2005: »Ein neuer Anfang«
- 2009: »Wir haben die Kraft«
- 2013: »Gemeinsam erfolgreich«
- 2017: »Für ein Deutschland, in dem wir gut und gerne leben«

Verschiebungen in der deutschen Parteienlandschaft spiegeln aber ebenso die Entwicklung des europäischen Föderalsystems wider. Die 2010er-Jahre sind auch in der Bundesrepublik, die eher als europafreundlich eingestuft werden muss, geprägt von Diskussionen über Inhalt und Ausmaß der Regelungskompetenzen der Europäischen Union. Es ging und geht dabei um nicht mehr und nicht weniger als die Diskussion über die (territoriale) Staatlichkeit und den Parlamentarismus Deutschlands, wobei das entscheidende Element das Nebeneinander von Stärkung und Schwächung bundesrepublikanischer Staatlichkeit ist.

Wie sehr die Veränderung der Parteienlandschaft letztlich von Europa beeinflusst wurde, zeigte sich an der Gründung und Entwicklung der Partei ›Alternative für Deutschland‹ (AfD) im Jahr 2013. Ursprünglich im rechtsliberalen Milieu verankert und mit dem Ziel gegründet worden, den Euro mit Argumenten, die in wissenschaftlichen Fachkreisen weit verbreitet waren, wieder abzuschaffen, spaltete sich die Partei im Jahr 2015 und nahm eine klar rechtspopulistische Ausrichtung an. Sukzessive zog die Partei in 14 Landesparlamente ein und wurde bei der Bundestagswahl 2017 mit 12,6 % der Stimmen drittstärkste Partei. Völlig unabhängig von der Frage ihrer rechtsradikalen Substanz ist die AfD als Indikator eines europaweiten Trends einzustufen, demzufolge breite Bevölkerungsschichten angesichts der Veränderung der Staatlichkeit, dem Verlust der Bedeutung von Grenzen im föderalen Europa und der als massiv wahrgenommenen Migrationsbewegungen aus islamisch geprägten Staaten nach Orientierung und Identität im Nationalen suchen.

(b) Familienpolitik

Eine markante Neuausrichtung der bundesrepublikanischen Sozialpolitik erfolgte seit 2005 in der Familienpolitik. Ausgehend von soliden Staatsfinanzen und der gesellschaftlichen Forderung nach Gleichberechtigung und familienfreundlichen Lebensbedingungen wurde von der Politik seitdem aktiv das Modell der egalitären Familie mit doppelter Vollerwerbstätigkeit gefördert. Ziel war es, Möglichkeiten zu schaffen, die Unterbrechung der Erwerbstätigkeit

WASG

In Reaktion auf die als Ausdruck verfehlter neoliberaler Politik kriti-
sierte Agenda 2010 bildeten sich im Jahr 2003 in Gewerkschaftskrei-
sen mehrere Gruppierungen, die im März 2004 zur Wahlalternative
Arbeit und soziale Gerechtigkeit (WASG) verschmolzen. Insbesondere in den (montan-)industriell geprägten Stammlanden der SPD,
Nordrhein-Westfalen und Saarland, formierten sich schnell partei-
ähnliche Strukturen. Die zunehmend kontroverse Diskussion um die
Reformpolitik der Regierung Schröder versorgte die Bewegung mit
immer neuen Sympathisanten, die schließlich im Januar 2005 die
WASG als Bundespartei konstituierten. Da sich in der WASG auch
immer mehr linke Gruppierungen sammelten, setzte sich 2006 die
Idee durch, die WASG mit der PDS zur gesamtdeutschen Partei ›Die
Linken‹ zu vereinigen. Nach einer erfolgreichen Urabstimmung wurde diese Vereinigung am 16. Juni 2007 vollzogen. Symbolisch für den
damit einhergehenden Substanzverlust der SPD steht der ehemalige SPD-Vorsitzende Oskar Lafontaine, der noch im ersten Kabinett
Schröder Finanzminister gewesen war. Er trat nicht nur aus Protest
von seinen Ämtern in der SPD zurück, sondern war darüber hinaus
einer der führenden Protagonisten hinter der Gründung der Partei
›Die Linken‹.

von Frauen durch Mutterschaft zu verkürzen. Kernelemente stellen
das Elterngeld sowie der Ausbau von Betreuungsplätzen für Kinder
unter drei Jahren dar. Es kam zu einem deutlichen Anstieg der au-
ßerhäuslichen Erziehung von Kindern unter drei Jahren, wobei
deutliche Unterschiede bestanden zwischen den alten und neuen
Bundesländern, in denen das Gesellschaftssystem der DDR nach-
wirkte. In den fünf neuen Bundesländern, in denen zu DDR-Zeiten
die Betreuungsangebote staatlich stark ausgebaut waren, fiel der
Anteil der betreuten Kleinkinder mit 58 % im Jahr 2012 besonders
hoch aus.

Die Diskussion über die Familienstruktur in der Bundesrepublik und das familienpolitische Leitbild, die seit der Jahrtausendwende geführt wird, ist aber eine durchaus kontroverse, die nicht ausschließlich auf das Modell der egalitären Familie ausgerichtet ist. Einerseits erfolgt eine Anpassung an gewandelte äußere Bedingungen wie die Notwendigkeit doppelter Einkommen, längere Ausbildungszeiten oder der steigende Grad weiblicher Akademiker. Andererseits versuchen konservative Kreise, das traditionelle Modell des vollerwerbstätigen Vaters und der nichterwerbstätigen Mutter sozialpolitisch nicht zu vernachlässigen. Mit dem Betreuungsgeld verabschiedete die Bundesregierung 2013 auf ausdrücklichen Wunsch der CSU ein derartiges Gesetz, das vom Bundesverfassungsgericht allerdings zwei Jahre später wieder kassiert wurde und seitdem nur noch in Bayern als Landesleistung besteht.

Generell spiegelt sich in der Familien- und Sozialpolitik auch ein verändertes Verhältnis von Staat und Bürger wider, das besonders in Feldern wie der Kinderbetreuung und der Altenpflege neue gesellschaftliche Verhältnisse reflektiert, die sich seit den 1970er-Jahren ergeben hatten. Insbesondere für Frauen ist dabei eine ambivalente Situation entstanden, in der ihre individuellen Entfaltungsmöglichkeiten von der Übernahme vormals familiärer Aufgaben und Funktionen durch den Staat und die Gesellschaft abhängen. Ganz anders als im neoliberalen Denkmuster steht damit die Stärkung des Staats für eine Stärkung der individuellen Entfaltungsmöglichkeiten der Bürger.

(c) Neoliberale Konformität

In der Phase bundesrepublikanischer Geschichte seit 2002/05 lassen sich erstmals auch die mittel- und langfristigen Folgen der neoliberalen Gesellschaftspolitik erkennen. Gesellschaftlich betrachtet resultierte die zunehmende Individualisierung früherer Zeiten in der Bundesrepublik nach der Jahrtausendwende in eine zunehmende Konformität, die sich u. a. im Bereich der Bildung zeigte. In ihr machten sich die Folgen von Individualisierung und neoliberaler Gesellschaftspolitik immer deutlicher bemerkbar. Nicht selten führte die Pluralisierung der Gesellschaft und die gestiegenen Wahlmög-

Tabelle 4
Anzahl der an deutschen Hochschulen eingeschriebenen Studierenden, jeweils im Wintersemester

1975	1978	1981	1984	1987	1990	1993	1996
836 002	938 752	1 121 434	1 311 699	1 409 042	1 712 608	1 867 264	1 838 099

1999	2002	2005	2008	2011	2014	2017	2018
1 770 489	1 938 811	1 985 765	2 025 307	2 380 974	2 698 910	2 844 978	2 867 500

lichkeiten zu Verunsicherung und Orientierungslosigkeit bei den
Bürgern. Der Wunsch nach Konformität lässt sich ebenso wie ein
steigendes Desinteresse an Wahlfreiheit, u. a. bei Bundestagswah-
len, nicht leugnen.

Eine wichtige Brutstätte gesellschaftlicher Konformität war das
Bildungssystem nach den Bologna-Reformen. Das zentrale Stich-
wort der Entwicklungen, die schon in den 1990er-Jahren einsetzten,
ist die Ökonomisierung der Bildung im europäischen Kontext. Zwar
sind mitunter im Zuge der freien Gestaltung von Studiengängen mit-
unter sehr exotische Fächerkombinationen sowie Bachelor- und
Masterprogramme entstanden. Dennoch hat die Pluralität im Den-
ken der Studierenden abgenommen, weil die Anrechenbarkeit von
Studienleistungen in Kreditpunkte und Zeitäquivalente zu einer
Standardisierung von (Prüfungs-)Wissen geführt hat. Auch das
Schulsystem tendiert zur Gleichmachung auf derselben Schulform.
Zunehmend steigende Anteile eines Geburtsjahrgangs erlangen auf
Gesamtschulen oder Gymnasien die zentrale Hochschulreife und
starten in das Studium. Betrug deren Anteil noch Ende der 1970er-
Jahre weniger als 15 %, so ist er bis ins Jahr 2012 auf 59,6 % gestie-
gen.

Die Folgen einer den Bürger überfordernden Wahlfreiheit und
Individualisierung war auch eine abnehmende Diskussionsfreude
und Meinungspluralität. Offene Kritik an den Zuständen in Politik

und Gesellschaft, wie sie noch die Neuen Sozialen Bewegungen der 1970er- und 1980er-Jahre geprägt hatten, wurde in der Bundesrepublik der 2010er-Jahre kaum noch geäußert. Stattdessen nahm die Politikverdrossenheit spürbar zu und viele Wähler wandten sich dem Protest zu, der sich in Parteien an den politischen Rändern wie die ›Linke‹ oder die ›Alternative für Deutschland‹ (AfD) kanalisierte.

(d) Atomausstieg

Mit dem Atomausstieg wurde seit 2002 ein Thema bundesrepublikanischer Politik schrittweise zum Abschluss gebracht, das wie kaum ein anderes über viele Jahrzehnte hinweg das Land geprägt und sein politisches System verändert hat. Schon die Neuen Sozialen Bewegungen hatten in den 1970er- und 1980er-Jahren die Forderung nach einem Ende der Atomkraft und einer stärkeren Nutzung klimaneutraler Energiequellen auf die politische Agenda gesetzt. Ziel war stets ein Kompromiss zwischen bezahlbarer Energieversorgung, dem Ausstieg aus der Atomenergie und der Reduktion der Verbrennung fossiler Energieträger, v. a. Braun- und Steinkohle, angesichts einer nicht ausreichenden Kompensation der gewonnenen Energie aus regenerierbaren Energiequellen wie Wind und Sonne. Sicherheit und Nachhaltigkeit der Energieversorgung mussten ebenso austariert werden wie die Wettbewerbsfähigkeit und die Wirtschaftlichkeit am Standort Deutschland.

Hatte die Reaktorkatastrophe von Tschernobyl bereits 1986 den Bau weiterer Atomkraftwerke politisch unmöglich gemacht, so wurden seitdem Restlaufzeiten der bestehenden Atomkraftwerke und die Energiewende insgesamt kontrovers diskutiert, v. a. die fossilen Brennstoffe Braun- und Steinkohle standen zur Disposition, auch weil deren Verbrennung erhebliche Umweltschäden mit sich brachten. Doch erst die rot-grüne Bundesregierung, in der die Protagonisten der Neuen Sozialen Bewegungen erstmals Regierungsgewalt ausübten, ergriff nach ihrem Amtsantritt 1998 konkrete und einschneidende Maßnahmen hinsichtlich des Atomausstiegs. So wurde 2000 eine Vereinbarung zwischen der Bundesregierung und den Energieversorgern geschlossen, sowie 2002 das Atomgesetz novelliert, mit dem klare Regelungen hinsichtlich Reststrommengen und

Restlaufzeiten von Atomkraftwerken vereinbart wurden. Die letzten Werke sollten demnach zwischen 2015 und 2020 abgeschaltet
werden.

Die Regierungskoalition von CDU/CSU und FDP drehte dann allerdings im Jahr 2010 den Atomausstieg partiell zurück. Wirtschaftliche Argumente, wie die Vereinfachung der Energiewende insgesamt, um klimaschädliche fossile Energieträger nicht zusätzlich nutzen zu müssen, motivierten die Regierung, längere Laufzeiten von
zusätzlich 8 bis 10 Jahren zu beschließen. Doch nur ein Jahr später
bewirkte der Reaktorunfall von Fukushima in Japan ein erneutes ra-
dikales Umdenken. Die wieder greifbare Bedrohung von Mensch
und Umwelt durch die Atomkraft führte zu einem erneuten radikalen Umdenken. Binnen weniger Monate wurden nun die kürzeren
Laufzeiten wiederhergestellt. Zwar verklagten die Stromanbieter
daraufhin die Bundesregierung und forderten Schadensersatz für
ihre nach 2010 getätigten Investitionen in die Realisierung längerer
Laufzeiten von Atomkraftwerken in Deutschland. Dennoch blieb der
Atomausstieg seitdem unbestritten.

VI. Fazit

Die Bundesrepublik war in der Phase seit 2002/05 ein elementarer
Bestandteil eines europäischen Föderalmodells, welches sich in einer schwierigen und sehr ambivalenten Phase ihrer eigenen Entwicklung befand. Einerseits nahm die Verflechtung der Ebenen weiter zu – besonders die Finanz- und Staatsschuldenkrise seit 2008 hat
eine qualitative Transformation hin zu einer Haftungsgemeinschaft
bewirkt. Globale Herausforderungen wie Migration, Terrorismus
oder die Vernetzung steigerten den Bedarf kollektiver europäischer
Lösungen für geteilte politische Herausforderungen. Andererseits
befand sich die Europäische Union in einer Legitimitätskrise, die
auch in der Bunderepublik spürbar war.

Die Frage, wie viel Europa für die Bundesrepublik notwendig
und wünschenswert ist, wird seitdem kontrovers diskutiert. Die relevanten Akteure in der Bundesrepublik müssen sich in diesem Pro-

zess positionieren, die Staatlichkeit der Bundesrepublik anpassen und einen Beitrag zur Konsolidierung der europäischen Strukturen leisten. Erstmals wurden in dieser Phase auch die negativen Folgen der neoliberalen Politik der 1980er- und 1990er-Jahre in den vielfältigen Wirtschaftskrisen und der gesellschaftlichen Konformität erkennbar. Wie und ob überhaupt Politik und Gesellschaft hierauf reagieren, lässt sich im Jahr des 70. Geburtstags der Bundesrepublik noch nicht abschätzen.

Hans Sarkowicz (Hg.)

Es lebe unsere Demokratie!
Deutsche Reden 1945 bis heute

Die Geschichte Deutschlands nach 1945 ist geprägt von vielen bedeutenden Reden – vom »Schaut auf diese Stadt« Ernst Reuters bis zum 10-Punkte-Plan Helmut Kohls, von Adenauers erster Regierungserklärung 1949 bis zur Ruck-Rede Roman Herzogs.
Eine Auswahl von 48 der wichtigsten dieser Reden, auch einiger aus der DDR, versammelt Hans Sarkowicz erstmals zu einem Lesebuch, jede Rede jeweils in ihren historischen Kontext eingebettet. Eine deutsche Geschichte, eine Deutschstunde der besonderen Art.

Gebunden mit Schutzumschlag
448 Seiten // 14 × 21 cm // ISBN 978-3-7374-1114-1

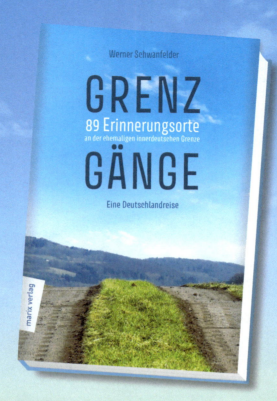

Werner Schwanfelder

Grenzgänge
89 Erinnerungsorte an der innerdeutschen Grenze
Eine Deutschlandreise

Werner Schwanfelder beschreibt und fotografiert 89 markante Orte entlang des ehemaligen Grenzstreifens. Sein Buch ist eine Einladung für eigene »Grenzgänge«, dort wo deutsche Geschichte lebendig wird. Zugleich ist es ein »Reiseführer« im besten Sinne des Wortes, der zu den verbliebenen Resten, zu den freudigen und bedrückenden Plätzen entlang der ehemaligen Grenzanlagen führt, aber auch den Blick rechts und links des »grünen Bandes« öffnet.

Klappenbroschur, mit zahlreichen farbigen Fotografien
192 Seiten // 13 × 21 cm // ISBN 978-3-7374-1115-8

Christian Faludi

1919 in Weimar – Die Stadt und die Republik

Wie unter einem Brennglas konzentrierten sich 1919 in Weimar
Entwicklungen und Ereignisse, die lange nachwirken sollten – Um-
brüche und Aufbrüche, die das Schicksal des neuen Landes Thüringen, der Stadt und der nach ihr benannten ersten deutschen Republik
bestimmten. In einer historischen Tiefensondierung lässt Christian
Faludi die vielfältigen Stimmen der Zeit selbst zu Wort kommen,
präsentiert zahlreiche noch nie veröffentlichte Quellen und rückt so
die ebenso verblüffende wie einleuchtende Gleichzeitigkeit vieler
unterschiedlicher Strömungen in den Blickpunkt. Ein historisches
Lesebuch, das Lust macht auf Weimar.

Gebunden mit Schutzumschlag
ca. 240 Seiten // 14 × 21 cm // ISBN 978-3-7374-0278-1

FSC
www.fsc.org
MIX
Papier aus ver-
antwortungsvollen
Quellen
FSC® C083411

Bibliografische Information der Deutschen Nationalbibliothek
Die Deutsche Nationalbibliothek verzeichnet diese Publikation in der Deutschen
Nationalbibliografie; detaillierte bibliografische Daten sind im Internet über
http://dnb.d-nb.de abrufbar.

© by marixverlag in der Verlagshaus Römerweg GmbH, Wiesbaden 2019
Lektorat: Bernhard Suchy
Covergestaltung: Karina Bertagnolli, Wiesbaden
Umschlagabbildung: Das Brandenburger Tor, Ricardo Gomez Angel by Unsplash
Karten: Peter Palm, Berlin
Satz und Bearbeitung: SATZstudio Josef Pieper, Bedburg-Hau
Der Titel wurde in der Cambria gesetzt.
Gesamtherstellung: CPI books GmbH, Leck – Germany

ISBN: 978-3-7374-1094-6

Mehr über Ideen, Autoren und Programm des Verlags finden Sie auf
www.verlagshausroemerweg.de und in Ihrer Buchhandlung.